Tercera Guerra Mundial: ¿Nuestro futuro? 2022-2023

La Verdad Sobre la Guerra en Ucrania,
la Influencia en Nuestra Economía y los Mercados

Globales - Crisis Económica - Hiperinflación -
Escasez de Alimentos

Libros de Truth Leaks

Descargo de responsabilidad

Este documento pretende proporcionar información exacta y fiable en relación con el tema y la cuestión tratados. La publicación se vende con la idea de que el editor no está obligado a prestar servicios contables, oficialmente permitidos o de otro tipo, calificados. En caso de que sea necesario un asesoramiento, legal o profesional, se debe pedir a una persona con experiencia en la profesión - de una Declaración de Principios que fue aceptada y aprobada igualmente por un Comité de la Asociación de Abogados de Estados Unidos y un Comité de los Editores y Asociaciones.

La presentación de la información es sin contrato ni ningún tipo de garantía. Las marcas comerciales que se utilizan son sin ningún tipo de consentimiento, y la publicación de la marca comercial es sin el permiso o el respaldo del propietario de la marca. Todas las marcas comerciales y marcas dentro de este libro son sólo para fines de aclaración y son propiedad de los propios propietarios, no afiliados a este documento. No fomentamos ningún tipo de abuso de sustancias y no nos hacemos responsables de la participación en actividades ilegales.

¿Cómo empezó?

Estos conflictos se remontan a tiempos muy lejanos. Los antepasados de ucranianos, rusos y bielorrusos convivieron desde el siglo IX hasta el XIII en la Rus de Kiev, un gran principado. Una invasión mongola acabó con esa unidad. Después, Ucrania pasó en pedazos por las manos de numerosas potencias, como la Mancomunidad Polaco-Lituana, el Imperio Otomano, Austria-Hungría y el Imperio Ruso.

La primera vez que los ucranianos declararon su independencia fue en 1918, poco después de la Revolución Rusa. Esa independencia no duró mucho y Ucrania fue absorbida por la Unión Soviética, como República Socialista Soviética de Ucrania. Después de la Segunda Guerra Mundial, se le asignaron casi las mismas fronteras que la Ucrania actual. El líder soviético Jruschov transfirió la península de Crimea de la República Soviética de Rusia a la República Soviética de Ucrania en 1954.

Ucrania sufrió mucho durante el periodo de la Unión Soviética. Cuando los campesinos ucranianos se resistieron a la colectivización de las tierras de cultivo, Josef Stalin castigó a Ucrania provocando deliberadamente una hambruna. Millones de ucranianos perecieron.

Ucrania es independiente desde 1991. Ese año, el 90% de la población votó a favor de la separación de la Unión Soviética.

¿Y el idioma?

En Ucrania hay una lengua oficial: El ucraniano. La lengua está emparentada con el ruso, pero difiere notablemente. Compárelo con la diferencia entre el alemán y el inglés.

Debido a la historia en el Imperio Ruso y la Unión Soviética, la mayoría de los ucranianos también hablan ruso. Moscú intentó rusificar a los ucranianos suprimiendo el ucraniano e imponiendo el ruso. Por eso era peligroso para los escritores ucranianos publicar en su propia lengua.

El gobierno actual promueve el ucraniano con una ley lingüística de 2019. Esto hace que el ucraniano sea la lengua obligatoria en las escuelas y obliga a las cadenas de televisión y radio a emitir principalmente en ucraniano.

Más de tres cuartas partes de la población indican el ucraniano como su primera lengua en las encuestas. Para el 20%, el ruso es la primera lengua. El ruso sigue prevaleciendo en el este y el sur de Ucrania.

¿Por qué Ucrania es tan importante para el Presidente Putin?

Putin ha descrito a menudo el colapso de la Unión Soviética como "la mayor tragedia del siglo XX". También fue probablemente la mayor tragedia de su propia vida.

Terminó su carrera como espía del KGB en Alemania del Este, donde, según el nuevo libro Putin's People, escrito por la periodista de investigación Catherine Belton, probablemente estuvo involucrado en intentos de asesinato por parte de la Stasi, la policía secreta de Alemania del Este. Mientras Occidente celebraba la victoria en la Guerra Fría, Putin, según cuenta, tenía que ganarse la vida como taxista.

Para Putin, las antiguas repúblicas soviéticas siguen estando subordinadas a Moscú. Cree que los países pertenecen a la esfera de influencia rusa, lo quieran o no.

Esto se aplica con más fuerza a los vecinos eslavos Bielorrusia y Ucrania. Putin señala la historia compartida en la Rus de Kiev para negar la existencia de la nación ucraniana. Dijo públicamente por primera vez en 2013 que rusos y ucranianos son "un mismo pueblo". Tras la anexión de Crimea, en 2014, describió Kiev como "la madre de las ciudades rusas". "La antigua Rus es nuestra fuente común y no podemos vivir el uno sin el otro", dijo Putin.

Para el presidente ruso, es inaceptable que Ucrania o Bielorrusia se alejen de Rusia y opten por la democracia. En 2020, Putin apoyó al dictador bielorruso Aleksandr Lukashenko durante meses de manifestaciones pacíficas contra el flagrante fraude electoral. Desde entonces, Putin ha acercado cada vez más a Bielorrusia a Rusia.

Después de intervenir contra los manifestantes en Kazajistán también en 2022, Putin dijo que siempre protegería la región que rodea a Rusia de las "revoluciones de colores", en referencia a las revueltas democráticas.

¿Por qué se intensifica ahora el conflicto?

En la primavera de 2021, según las agencias de inteligencia occidentales, Rusia reunió a unos 100 mil soldados en la frontera con Ucrania. Rusia habló de ejercicios y dijo que estaba retirando algunos de los soldados.

Pero en otoño, las agencias de inteligencia estadounidenses advirtieron que Rusia no había retirado una gran parte de los soldados y que estaba en proceso de una nueva acumulación de tropas.

Rusia negó los planes de ataque, pero presentó todo un paquete de exigencias de seguridad. El 17 de diciembre de 2021, Rusia lanzó un ultimátum a Estados Unidos y a la OTAN. El presidente Putin amenazó con "medidas técnico-militares" si la OTAN no se retiraba de Polonia y los países bálticos. También exigió un compromiso por escrito de EE.UU. y la OTAN de que las antiguas repúblicas soviéticas, como Ucrania, nunca deberían ser miembros de la alianza occidental. Estados Unidos y la OTAN rechazaron estas exigencias, pero se mostraron dispuestos a negociar el control de las armas nucleares y las restricciones a las maniobras militares.

El presidente estadounidense Biden dijo en enero de 2022 que creía que Putin invadiría Ucrania. El 21 de febrero, Putin anunció que reconocería las dos regiones separatistas del este de Ucrania, Donetsk y Luhansk, como independientes. En el discurso, Putin no dejó ninguna duda: no se detendría ahí, Ucrania pertenece a Rusia. Tres días después, el 24 de febrero, se produjo un ataque militar contra objetivos en todo el país.

¿Qué quiere el pueblo ucraniano?

Una creciente mayoría de los 45 millones de ucranianos está a favor de unirse a las alianzas occidentales. Una investigación del instituto sociológico Kiis muestra que el 59% de la población quiere entrar en la OTAN, el 28% está en contra. El apoyo a la adhesión a la UE es aún mayor.

Las actitudes prooccidentales van en aumento en Ucrania. Al principio del conflicto con Rusia, en 2014, una minoría seguía siendo partidaria de entrar en la OTAN.

Hay diferencias regionales: en el oeste de habla
ucraniana hay más apoyo para unirse a las alianzas
occidentales que en el este de habla rusa. Pero las
encuestas muestran que en las provincias del este
también crece el apoyo a un rumbo occidental.

¿Qué hay de cierto en la afirmación de Putin de que los
países occidentales prometieron que la OTAN no se
expandiría hacia el este?
Desde la Unión Soviética, la OTAN se ha expandido
hacia Europa del Este y los países bálticos. Siete de los
ocho antiguos miembros del Pacto de Varsovia son
ahora miembros de la OTAN.

Según Putin, Occidente ha roto así una promesa. A
finales de 2021, en su conferencia de prensa anual,
Putin dijo: "Ni un centímetro al este", nos dijeron en los
años 90. ¿Y qué? Nos engañaron, nos engañaron
brutalmente".

Se han escrito libros enteros sobre la pulgada (2,54
centímetros), como Not One Inch de la historiadora
Mary Elise Sarotte. En ellos se demuestra que, tras la
caída del Muro de Berlín, sí hubo conversaciones entre
los dirigentes occidentales y los soviéticos sobre la
prohibición de la expansión de la OTAN. James Baker,
entonces Secretario de Estado de EEUU, preguntó a
Gorbachev en 1990 si el líder soviético quería garantías
de que la OTAN "no avanzaría ni un centímetro hacia el
este". Gorbachev dijo más tarde que la sugerencia de

Baker allanó el camino para un compromiso sobre la unificación alemana.

Pero nunca se llegó a un acuerdo por escrito al respecto. Esto se debió en gran medida a que el jefe de Baker, el presidente estadounidense Bush, se oponía con vehemencia a dicho acuerdo. El tratado final sobre la unificación alemana, también firmado por la Unión Soviética, permitía a Alemania entrar en la OTAN y no ponía límites a la expansión de la OTAN.

¿Prometió Rusia por escrito no atacar nunca a Ucrania? Sí. Ucrania fue una superpotencia militar después de la independencia con armas nucleares soviéticas. Ucrania renunció a esas armas nucleares con la firma del Memorándum de Budapest en 1994, en el que Ucrania recibió a cambio garantías de seguridad de Rusia, Estados Unidos y el Reino Unido.

La garantía más importante, que veinte años después sería violada por Rusia: "abstenerse de la amenaza o el uso de la fuerza contra la integridad territorial o la independencia política de Ucrania".

También en 1997, mediante un tratado de amistad con Ucrania, Rusia prometió no violar las fronteras del país vecino.

¿Qué fuerza tiene el ejército ucraniano?

Más fuerte que en 2014, cuando el ejército ucraniano fue arrollado por el ruso. Crimea se perdió sin disparar un tiro. En el este de Ucrania, los soldados ucranianos lucharon en zapatillas de deporte y sin chalecos antibalas.

Pero Ucrania no tiene remedio en un enfrentamiento con la potencia nuclear Rusia. Rusia tiene cuatro veces más soldados que Ucrania. La diferencia es aún mayor en el aire y en el mar. Mientras que Rusia dispone de 1.160 aviones de combate, Ucrania tiene que conformarse con 125.

Zelensky se dirige a los mercenarios rusos: "Una larga vida es mejor que el dinero

En un reciente discurso, Volodimir Zelensky advirtió a las fuerzas armadas rusas. "Ahora somos diferentes de lo que éramos en 2014", dijo el presidente ucraniano en un vídeo de Facebook sobre la anexión de Crimea que se produjo "sin lucha" en aquel momento.

La Ucrania actual, según Zelensky, es "capaz de defenderse de una invasión a gran escala durante 22 días".

El presidente ucraniano, como un día antes, volvió a dirigirse a los combatientes rusos. Esta vez advirtió en particular a los mercenarios de otros países a los que quiere salvar de "la peor decisión de sus vidas".

Zelensky dijo que "una larga vida es mejor que el dinero que se ofrece por una corta".

Ministro de Defensa ucraniano: "Debería haber detenido antes a este monstruo

En Ucrania, ya han muerto más soldados rusos en tres semanas que en las dos guerras chechenas juntas, y el número de muertos se acerca al de diez años de guerra en Afganistán.

Así lo afirma el ministro de Defensa ucraniano, Oleksii Reznikov, que esta mañana en el Parlamento Europeo ha reprochado amargamente a Occidente: "Podríais y deberíais haber detenido a este monstruo antes".

Reznikov ya causó una profunda impresión el miércoles, según el ministro Ollongren y otros, en una conversación privada por vídeo con los 30 ministros de Defensa de la OTAN, esta mañana volvió a hacer su relato en el Parlamento Europeo y esta vez públicamente. Hace ocho años elegimos Europa, y hoy seguimos con esa elección armada. No vemos otra opción que elegir la civilización, la democracia y los derechos humanos básicos, pero estamos pagando un precio terriblemente alto.

Lo que el Kremlin está haciendo hoy es indescriptible, Putin es el Hitler de nuestro tiempo. No puedo hablar sin emoción del terror de Estado que presenciamos cada día".

Después, Reznikov contó cómo ciudades y pueblos enteros están siendo destruidos, saqueados y borrados del mapa. ,,En Marioepol, según las autoridades locales, han muerto más de 20.000 personas. Se bombardeó un teatro donde se escondían mujeres y niños, mientras el monstruo de ese avión sabía lo que hacía.

Los convoyes de ayuda son constantemente bloqueados y tiroteados. Familias enteras, así como alcaldes que se niegan a colaborar, son secuestrados y asesinados; un periodista estadounidense que estaba filmando una evacuación -no un acto de guerra, sino una evacuación- recibió un disparo en la cabeza. El objetivo de Rusia es destruir Ucrania. Podría haber evitado esto si hubiera detenido a Putin antes. No tratando de hacerle entrar en razón, sino deteniéndolo, como estamos tratando de hacer ahora con un coste terrible".

¿Qué precio hay que pagar?

Reznikov presentó entonces algunas "estadísticas": El ejército ucraniano, ayudado por masas de ciudadanos patrióticos, ya ha matado a más de 14.000 soldados rusos, ha inutilizado 450 tanques y carros blindados y ha derribado 750 aviones. Vamos a continuar con esto y vamos a ganar. El propósito del terror es crear miedo, pero nosotros no tenemos miedo. ¿Pero a qué precio? El mundo entero está pagando ahora la inacción de Occidente".

Al concluir su discurso, Reznikov pidió a la Cámara más ayuda militar: armas antitanque y de pequeño calibre, pero también defensa aérea y armas para derribar más aviones y helicópteros.

Y la política de sanciones de Occidente debe endurecerse mucho más. Con rabia en su voz: ,,Todavía empresas de Suiza, Alemania y Francia hacen negocios con Rusia. Están ganando dinero a costa de la sangre de nuestras mujeres y niños. Vamos a entregarles una lista de esas empresas".

Índice de contenidos

La guerra ruso-ucraniana

La guerra ruso-ucraniana es una guerra en curso en la que participan principalmente Rusia y las fuerzas separatistas prorrusas, por un lado, y Ucrania y sus partidarios internacionales, por otro.

Los primeros ocho años del conflicto incluyen la anexión de la península de Crimea por parte de Rusia (2014) y la guerra en el este de Ucrania (2014-actualidad) entre Ucrania y los separatistas respaldados por Rusia, así como incidentes navales, guerra cibernética y tensiones políticas. La guerra ruso-ucraniana comenzó después de que el presidente ucraniano Víktor Yanukóvich fuera depuesto en febrero de 2014 tras las manifestaciones prooccidentales y de que Rusia ocupara posteriormente Crimea. Esto provocó protestas en el este y el sur de Ucrania.

En las provincias orientales ucranianas de Donetsk y Luhansk, las protestas se convirtieron en un conflicto armado después de que los rebeldes ocuparan varios edificios gubernamentales a partir del 6 de abril de 2014, y el gobierno ucraniano desplegara el ejército en respuesta. Los insurgentes consiguieron hacerse con el control de las ciudades de Donetsk y Luhansk, así como de la zona al sureste de estas hasta la frontera rusa, donde declararon la autoproclamada República Popular de Donetsk y la República Popular de Luhansk, para pasar a formar parte de Rusia al igual que Crimea.

El resto de las zonas del Donbás quedaron bajo el control del ejército ucraniano.

A finales de 2021 y principios de 2022, se produjo un nuevo recrudecimiento de las tensiones. El 22 de febrero de 2022, el presidente ruso Vladimir Putin declaró que Rusia reconocía a las autoproclamadas Repúblicas Populares de Donetsk y Luhansk, incluyendo sus reclamaciones de todo el territorio del oblast de Donetsk y del oblast de Luhansk, respectivamente. El 24 de febrero se produjo una invasión rusa de toda Ucrania, lo que agravó considerablemente el conflicto.

El conflicto provocó un mayor deterioro de las relaciones entre Rusia y Occidente, que ya estaban muy deterioradas a raíz de la anexión rusa de Crimea. Occidente acusa a Rusia de apoyar a los insurgentes tanto financiera como militarmente, mientras que Occidente es en realidad visto por Rusia como responsable de que el conflicto se haya ido de las manos.

La historia desde 1991

Incluso después de que Ucrania se convirtiera en un país independiente tras el colapso de la Unión Soviética en 1991, Rusia siguió considerándola parte de su esfera de interés. El analista rumano Iulian Chifu cree que, con respecto a Ucrania, Rusia persigue una versión modernizada de la doctrina Brezhnev sobre la "soberanía limitada", que dicta que la soberanía de

Ucrania no debe ser mayor que en la época del Pacto de Varsovia, antes del colapso de la esfera de influencia soviética.

Basa su argumento en las declaraciones de los dirigentes rusos, que consideran que la posible integración de Ucrania en la OTAN pondría en peligro la seguridad nacional de Rusia.

Tras el colapso de la Unión Soviética a finales de 1991, los dos países mantuvieron unos lazos muy estrechos. Al mismo tiempo, había varios puntos de fricción, sobre todo el importante arsenal nuclear de Ucrania, que este país sólo estaba dispuesto a ceder tras recibir garantías de seguridad por parte de las potencias nucleares en el Memorando de Budapest (1994).

En ella, Rusia (y los demás firmantes) garantizaban, entre otras cosas, que respetarían la integridad territorial y la independencia política de Ucrania y que no harían uso de amenazas o de la fuerza contra ella. En 1999, Rusia fue signataria de la Carta para la Seguridad Europea, en la que "afirmaba el derecho inherente de cada Estado participante a ser libre de elegir o modificar sus acuerdos de seguridad, incluidos los tratados de alianza, a medida que evolucionen"; ambas cosas resultarían inútiles en 2014.

Un segundo punto de discordia fue la división de la Flota del Mar Negro. Ucrania aceptó arrendar el puerto de Sebastopol para que la Flota del Mar Negro rusa pudiera seguir utilizándolo con Ucrania. A partir de 1993, y a lo largo de las décadas de 1990 y 2000, Ucrania y Rusia mantuvieron varias disputas sobre el gas.

Anexión de Crimea por parte de Rusia

Pocos días después de que el presidente Yanukóvich huyera de la capital de Kiev en la última semana de febrero de 2014, hombres armados opuestos al movimiento Euromaidán comenzaron a tomar el control de la península de Crimea. En la capital de la república autónoma de Crimea, Simferopol, y en la ciudad portuaria de Sebastopol, gobernada de forma independiente y que alberga una base naval rusa en virtud del pacto de Járkov de 2010, se establecieron puestos de control por parte de soldados rusos sin distintivos que llevaban uniformes verdes y equipamiento militar.

Para Rusia, Crimea tenía una gran importancia estratégica porque allí, en Sebastopol, se encontraba una importante base de la Flota del Mar Negro.

Amenaza de secesión de Crimea. Sin embargo, la mayoría de los tártaros de Crimea (alrededor del 12,1% de la población de Crimea) se opusieron a la intervención rusa y apoyaron a los nuevos gobernantes de Kiev. El Mejlis de los tártaros de Crimea, a través de su presidente Refat Chubarov, pidió la formación de escuadrones de autodefensa.

Intervención rusa

En Crimea, decenas de hombres armados ocuparon el edificio del Parlamento en la capital regional, Simferopol, el 27 de febrero de 2014. Izaron la bandera rusa. Dos aeropuertos cercanos a Simferopol y Sebastopol fueron ocupados por soldados rusos.

El edificio de la televisión estatal ucraniana en Simferopol también fue ocupado por una milicia prorrusa o por militares rusos. Las acciones pretendían "preservar la posición en el Mar Negro". El Consejo de Seguridad de las Naciones Unidas se reunió en Nueva York en respuesta a estos acontecimientos.

El 1 de marzo, el presidente Putin recibió la autorización del Consejo de la Federación Rusa para desplegar fuerzas militares en Ucrania. El propio Putin lo había solicitado. Según él, las tropas eran necesarias en Crimea para proteger a los rusos étnicos y a la Flota del Mar Negro. El Kremlin habló de desplegar fuerzas militares en el territorio de Ucrania. Eso dejaba abierta la posibilidad de desplegar tropas en otros lugares además de Crimea. Tres horas más tarde, el presidente en funciones, Oleksandr Turchynov, anunció que el ejército ucraniano se había movilizado. Advirtió a Rusia de que cualquier acción militar en Ucrania llevaría a la guerra.

El 6 de marzo de 2014, el Parlamento de Crimea acordó un decreto por el que Crimea pasaba a formar parte de Rusia. Como preparación, el 11 de marzo se declaró la independencia.

El 16 de marzo de 2014 se celebró un referéndum sobre la adhesión a Rusia, en el que la gran mayoría de la población votó a favor de la adhesión. Sin embargo, Ucrania, la Unión Europea y Estados Unidos no reconocieron este referéndum, al considerar que eran necesarias negociaciones previas con Ucrania y que la presencia militar rusa interferiría en la libertad de voto.

Anexión

El 18 de marzo de 2014 se anunció oficialmente que Crimea había sido anexionada por Rusia. El 24 de marzo, el gobierno ucraniano decidió evacuar a todos sus soldados y sus familias de Crimea.

Acuerdos y ceses de fuego

El 5 de septiembre de 2014, bajo presión internacional, se acordó un primer alto el fuego, el Acuerdo de Minsk, pero fue poco respetado por ambas partes. El 12 de febrero de 2015 se alcanzó un nuevo acuerdo de alto el fuego, Minsk II. Este acuerdo se respetó razonablemente durante un tiempo, pero la violencia volvió a estallar con más fuerza durante 2016.

Secuelas

El 25 de enero de 2016, el gobierno ucraniano anunció que Ucrania demandaría a Rusia por la anexión de Crimea. Según la agencia de noticias ucraniana UNIAN, el gobierno ucraniano llevaría el caso ante el Tribunal Internacional del Derecho del Mar y la Corte Internacional de Justicia, entre otros.

Desde la anexión, las expropiaciones de tierras y otros tipos de confiscaciones, no pocas veces denominadas "nacionalizaciones", han tenido lugar a gran escala en Crimea.

Para abrir Crimea, la Federación Rusa abrió el puente de Kerch a través del estrecho de Kerch. El 25 de noviembre de 2018, la Armada rusa bloqueó este estrecho, que forma el paso entre el Mar Negro y el Mar de Azov.

La Guerra del Este de Ucrania es un conflicto armado en la cuenca del Donets (el Donbass), en el este de Ucrania, entre grupos separatistas apoyados por el ejército ruso y el ejército ucraniano.

El conflicto surgió en la primavera de 2014, después de que el presidente ucraniano Víktor Yanukóvich fuera depuesto en febrero tras las manifestaciones prooccidentales y Rusia ocupara Crimea. Esto dio lugar a protestas en el este y el sur de Ucrania. En las provincias orientales de Donetsk y Luhansk, las protestas se convirtieron en un conflicto armado después de que los rebeldes ocuparan varios edificios gubernamentales a partir del 6 de abril de 2014, y el gobierno ucraniano desplegara el ejército en respuesta.

Los rebeldes consiguieron hacerse con el control de las ciudades de Donetsk y Luhansk, así como de la zona al sureste de las mismas hasta la frontera rusa, donde declararon que la República Popular de Donetsk y la República Popular de Luhansk pasaban a formar parte de Rusia como Crimea. El resto de las zonas de Donbass permanecieron bajo el control de los militares ucranianos.

El 5 de septiembre de 2014, bajo presión internacional, se acordó un primer alto el fuego, el Acuerdo de Minsk. Sin embargo, este acuerdo fue poco respetado por ambas partes. El 12 de febrero de 2015 se alcanzó un nuevo alto el fuego, Minsk II. Este acuerdo se respetó razonablemente durante un tiempo, pero la violencia volvió a estallar con más fuerza durante 2016.

El conflicto deterioró aún más las relaciones entre Rusia y Occidente, que ya estaban muy deterioradas a raíz de la anexión de Crimea.

Occidente acusó a Rusia de apoyar a los insurgentes tanto financiera como militarmente, mientras que Occidente fue visto en realidad por Rusia como responsable de que el conflicto se le fuera de las manos. En los años comprendidos entre 2014 y 2022, Occidente, especialmente Estados Unidos, apoyó militarmente a Ucrania con armas, entrenamiento, ejercicios conjuntos, inteligencia y dinero.

En un marco más amplio, la guerra en el este de Ucrania forma parte de la guerra ruso-ucraniana. El conflicto ruso-ucraniano de 2021-2022 es una escalada de esta última guerra. El 21 de febrero de 2022, el presidente Putin reconoció las autoproclamadas Repúblicas Populares de Donetsk y Luhansk, y tres días después, Rusia invadió Ucrania, lo que dio lugar a una guerra directa entre ambos países.

Prefacio

En las elecciones presidenciales ucranianas de 2004, el prorruso Víktor Yanukóvich se impuso inicialmente. Sin embargo, los resultados de las elecciones no fueron aceptados por gran parte de la población, lo que dio lugar a la Revolución Naranja. El resultado fue finalmente declarado inválido, tras lo cual se celebraron nuevas elecciones. Estas fueron ganadas por el proeuropeo Viktor Yushchenko. Sin embargo, en las elecciones de 2010, el prorruso Yanukóvich siguió siendo elegido presidente.

El 21 de noviembre de 2013, Yanukóvich canceló las negociaciones con la Unión Europea sobre un acuerdo comercial que permitiría una mayor integración con Europa (el Acuerdo de Asociación entre la Unión Europea y Ucrania). Sin embargo, entre una parte de la población ucraniana había esperanzas de una cooperación más estrecha con Occidente, y Yanukóvich creó una enorme incomprensión entre ellos con esta decisión.

En todo el país se sucedieron las protestas contra esta decisión, que se convirtieron cada vez más en protestas antigubernamentales (Euromaidán). Las protestas se volvieron cada vez más violentas y numerosas personas murieron en duros enfrentamientos entre la policía y los insurgentes. Por ello, el 19 de febrero de 2014, Ucrania declaró el estado de excepción. Unos días después, Yanukóvich huyó de Kiev. El Parlamento destituyó al presidente, convocó nuevas elecciones y nombró un nuevo presidente del Parlamento.

Los disturbios se trasladaron de Kiev a Crimea, en el sur, el 26 de febrero de 2014. La mayoría de la población de esta península, que perteneció a Rusia hasta 1954, es rusa y se opone al cambio de poder en Kiev. El 27 de febrero de 2014, decenas de hombres armados ocuparon el edificio del Parlamento en la capital regional de Crimea, Simferopol. Otros edificios importantes también fueron ocupados y el gobierno ucraniano perdió el control de la zona. El Consejo de Seguridad de las Naciones Unidas se reunió por la anexión de Crimea, pero no llegó a una solución. El 16 de marzo de 2014, el Parlamento de Crimea celebró un referéndum en el que el 95% optó por la anexión a Rusia.

La objetividad del referéndum fue cuestionada en todo el mundo y el gobierno ucraniano lo declaró inconstitucional. Tras el referéndum, Crimea declaró su independencia. El 21 de marzo, Crimea y la ciudad de Sebastopol se convirtieron en estados constituyentes de Rusia, un hecho que tanto Ucrania como la mayoría de los demás países no reconocen a día de hoy.

Minorías rusas en Ucrania

Tras la destitución de Yanukóvich, las protestas contra el nuevo gobierno y su nueva dirección crecieron especialmente en las provincias de Donetsk y Luhansk, donde vive un número relativamente grande de minorías rusas. La policía ucraniana intentó controlar la situación, pero apenas lo consiguió. El 6 de abril de 2014, los residentes de las oblasts de Donetsk y Luhansk asaltaron edificios administrativos. Influenciados por la anexión de Crimea, los residentes de Donetsk y Luhansk exigieron un referéndum similar, como había ocurrido en Crimea.

El 12 de abril, los edificios gubernamentales de la ciudad de Slovyansk fueron ocupados por los separatistas. La organización Donetskaya Respoeblika, fundada a finales de 2005, proclamó la República Popular de Donetsk el 14 de abril.

Historia del conflicto armado

El 13 de abril de 2014, el presidente interino de Ucrania, Oleksandr Turchynov, lanzó un ultimátum para poner fin a la ocupación de edificios gubernamentales, que ahora se había ampliado a más ciudades del este y el sur de Ucrania (como Horlivka, Kramatorsk y Mariupol). Para ello, se mantuvo el uso del ejército como palo. Sin embargo, su demanda quedó sin respuesta y el 15 de abril se desplegó oficialmente el ejército ucraniano y comenzaron las acciones militares.

Ese mismo día, el aeropuerto de Kramatorsk, que había sido tomado por los separatistas, fue reconquistado por el ejército ucraniano. En las semanas siguientes, el ejército ucraniano consiguió restablecer la autoridad en varias ciudades, pero los separatistas conservaron el poder en Donetsk y Luhansk, entre otras.

El 11 de mayo, los separatistas convocaron un referéndum sobre la independencia de Donetsk. No fue posible realizar observaciones independientes durante el referéndum, pero según los separatistas, el 89% estaba a favor de la secesión. Al día siguiente, Donetsk declaró su independencia. El mismo escenario se repitió en Luhansk, lo que llevó a la proclamación de la República Popular Independiente de Luhansk. Igor Girkin fue proclamado líder de los rebeldes, y declaró que todos los militares y policías ucranianos debían someterse o abandonar la zona en 48 horas, o serían procesados como terroristas. Según Ucrania y Occidente, los referendos habían sido manipulados por Rusia.

En torno a las elecciones presidenciales ucranianas del 25 de mayo, que no se celebraron en las zonas ocupadas por los separatistas, se detuvieron las ofensivas del ejército ucraniano. Sin embargo, tras la elección de Petro Poroshenko como nuevo presidente, se reanudaron las ofensivas. Los separatistas de Donetsk se declararon en guerra con Ucrania tras las nuevas ofensivas.

Los combates continuaron y a finales de junio habían muerto al menos 423 personas, según la ONU. Mientras tanto, el nuevo presidente había anunciado unilateralmente un alto el fuego el 8 de junio, pero no duró. El 13 de junio, Mariupol fue finalmente capturada por el gobierno ucraniano. El 18 de junio se acordó un nuevo alto el fuego, pero tras el fracaso de las negociaciones, Poroshenko decidió no prorrogar la tregua.

Después de que se perdiera de vista una solución definitiva, el ejército ucraniano inició una nueva e importante ofensiva. El 5 de julio, los combates terminaron en Slovyansk y Kramatorsk, tras lo cual los rebeldes se retiraron a Donetsk. El ejército siguió avanzando y también llevó a cabo bombardeos sobre los campamentos rebeldes de Donetsk.

El 17 de julio de 2014, un Boeing de Malaysia Airlines con número de vuelo MH17 se estrelló cerca de la localidad de Hrabove, en la provincia de Donetsk. A bordo había quince miembros de la tripulación y 283 pasajeros, 193 de los cuales eran de nacionalidad holandesa. No hubo supervivientes. Rápidamente se llegó a la conclusión de que el avión debía haber sido derribado.

Según los analistas occidentales, los daños en partes del avión correspondían al impacto de la metralla de un misil antiaéreo. En Occidente se atribuyó la principal responsabilidad a los rebeldes separatistas y a Rusia, mientras que desde el lado ruso se sugirió que los militares ucranianos eran culpables del derribo accidental del avión.

También hubo mucho revuelo en torno a un convoy ruso que vino a prestar ayuda humanitaria. Según Moscú, Rusia no estaba proporcionando ayuda militar, pero cada vez había más rumores de que los rusos estaban apoyando activamente a los rebeldes.

El 25 de agosto se produjo una contraofensiva de los separatistas que intentaron mantener sus líneas de suministro. El ejército ucraniano fue rechazado en varios lugares. El nuevo avance de los separatistas y el equilibrio de fuerzas que surgió posteriormente hicieron que las distintas partes estuvieran dispuestas a acordar un alto el fuego. El 1 de septiembre, los separatistas ya hicieron posible la consulta al declarar que no querían la independencia, sino un estatus separado dentro de Ucrania. El 5 de septiembre, con el Acuerdo de Minsk, las distintas partes declararon un alto el fuego. Al principio, el alto el fuego se respetó bastante bien, aunque se produjeron violaciones aquí y allá, con el resultado de varias muertes.

En enero de 2015, pareció por un tiempo que las partes enfrentadas se acercarían mediante buenas conversaciones. Sin embargo, pronto volvieron a producirse numerosos incidentes y enfrentamientos entre el ejército ucraniano y los separatistas, de modo que el alto el fuego apenas se respetó durante el mes de enero y ambas partes se amenazaron mutuamente con nuevas ofensivas. En respuesta a las crecientes tensiones y conflictos, la comunidad internacional pidió un nuevo alto el fuego (Minsk II) para renovar el anterior.

El 7 de febrero de 2015, las distintas partes firmaron el tratado. En los meses siguientes siguieron produciéndose incidentes violentos, pero fueron esporádicos.

En junio de 2015, volvieron a estallar brevemente combates encarnizados, sobre todo cerca de las localidades de Marjinka y Shirokyne, donde murieron más de 20 personas en un breve periodo de tiempo. El 17 de agosto, se produjeron ocho muertes de civiles en 24 horas y también perdieron la vida dos soldados.

En agosto de 2015, la canciller alemana Merkel, el presidente francés Hollande y Poroshenko pidieron un nuevo alto el fuego.

Sin embargo, a principios de noviembre, el número de incidentes volvió a aumentar. El 14 de noviembre se anunció que cinco soldados ucranianos habían muerto en nuevos combates en las últimas 24 horas[30].

El 29 de abril de 2016, un alto funcionario de la ONU informó al Consejo de Seguridad de la ONU de que un total de más de 9.000 personas habían muerto desde el inicio del conflicto. Se decía que la violencia en el este de Ucrania había vuelto al nivel de agosto de 2014.

Julio de 2016, según un portavoz ucraniano, fue el mes más sangriento desde que se declaró el alto el fuego un año y medio antes. Hubo tiroteos diarios de ida y vuelta y, por parte del ejército ucraniano, se informó de la muerte de 41 personas en el periodo comprendido entre el 27 de junio y el 25 de julio. También murieron varias personas del lado de los separatistas durante este periodo.

El 1 de septiembre de 2016 volvió a entrar en vigor una nueva tregua. Los primeros días después de esta no hubo muertos; el 9 de septiembre, el portavoz Lysenko informó de la muerte de un soldado ucraniano.

El 3 de febrero de 2017, seis soldados del ejército gubernamental ucraniano murieron tras otra batalla con los rebeldes, que a su vez perdieron a dos civiles. Según las Naciones Unidas, el número de muertos había alcanzado ya los 10.000.

El 18 de febrero, los ministros de Asuntos Exteriores de Rusia, Ucrania, Alemania y Francia llegaron a un nuevo acuerdo en Múnich sobre un alto el fuego, que entraría en vigor dos días después.

A finales de 2017, Estados Unidos aceptó vender armas letales a Ucrania.

A principios de julio de 2019, el presidente ucraniano Volodymyr Zelensky, recién elegido en abril de 2019, habló por primera vez con el presidente ruso Vladimir Putin sobre la guerra en el este de Ucrania. Además, ambos habrían discutido la liberación de prisioneros y la continuación de las conversaciones a nivel de expertos.

En 2020, el alto el fuego se mantuvo razonablemente, con un descenso significativo del número de disparos observados por la OSCE. A partir de finales de 2021, las tensiones en la zona volvieron a aumentar, en parte debido al estacionamiento de un número creciente de soldados rusos en la frontera ruso-ucraniana.

Partes en conflicto

El grueso de la resistencia prorrusa está formado por el ejército ruso y las milicias populares del Donbass. Las milicias están formadas por las milicias de Donbass y Luhansk que juntas forman las Fuerzas Unidas de Novorossiya, el Ejército Ortodoxo Ruso, el Ejército del Sureste y el Batallón Vostok. Las milicias de Donbass y Luhansk cuentan con un ejército de 20.000 personas, mientras que las demás milicias son bastante pequeñas. Además, Ucrania y la OTAN, entre otros, afirman que hay varias tropas rusas apoyando a los separatistas. Sin embargo, la propia Rusia afirma que no hay tropas presentes y que sólo son voluntarios.

Sin embargo, esto no es cierto según el sitio web ucraniano Informnapalm.

Parte ucraniana

El ejército oficial constituye el grueso de la fuerza con unos 280.000 hombres. Además, los paramilitares están presentes con voluntarios locales y extranjeros. Su número es más difícil de estimar.

Occidente no es parte militar en el conflicto, pero los estadounidenses estaban considerando la posibilidad de entregar armas. Sin embargo, muchos países europeos, entre ellos Alemania, se opusieron, por considerar que el conflicto debía resolverse por la vía diplomática y no por la militar.

Respuestas internacionales a la guerra

La OTAN se refirió al conflicto principalmente en términos del papel de Rusia y criticó la posible presencia de armas y tropas que crearon un desastre humanitario.

La Unión Europea vio en Ucrania un nuevo e importante socio comercial y por ello apoyó al país económica y humanamente. Se impusieron varias sanciones contra Rusia.

Rusia se consideró a sí misma como un observador del conflicto y negó su implicación en su descarrilamiento. Rusia, por su parte, acusó correctamente a la UE y a Estados Unidos de escalada. Sin embargo, se consideró con derecho a proteger a las minorías rusas en el extranjero.

Estados Unidos, en particular, consideró que Rusia estaba incitando los acontecimientos y exigió que se mantuviera al margen del conflicto.

Tras un gran apoyo diplomático y político, Estados Unidos procedió a suministrar armas pesadas al ejército de Ucrania. Entre ellas se encontraban los misiles Javalin, que fueron trasladados al frente.

Efectos de la guerra

A nivel humanitario, la guerra fue un desastre para los residentes de Donbass. Alrededor de 1,2 millones de personas perdieron sus hogares y muchas huyeron.

Según una estimación de la ONU en marzo de 2015, al menos 6.000 personas habían muerto en el conflicto para entonces.

A nivel internacional, Rusia y la UE se enredaron y se produjeron varios boicots y embargos por ambas partes[49] Las tensiones entre Estados Unidos y Rusia también se intensificaron, lo que llevó a un punto bajo en sus relaciones mutuas.

Una carta de Putin

Una carta, escrita por Putin en junio de 2021 en el sitio web de noticias Zeit Online como prefacio de la guerra en 2022

Hace exactamente 80 años, el 22 de junio de 1941, los nazis, tras conquistar toda Europa, invadieron la URSS. Para el pueblo soviético comenzó la Gran Guerra Patria, la más sangrienta de la historia de nuestro país. Murieron decenas de millones de personas. La economía y la cultura sufrieron daños inmensos.

Estamos orgullosos de la valentía y la firmeza de los héroes del Ejército Rojo y de los trabajadores de su país, que no sólo defendieron la independencia y la dignidad de su patria, sino que salvaron a Europa y al mundo entero de la esclavitud.

A pesar de los recientes intentos de reescribir los capítulos del pasado, la verdad es que el soldado soviético pisó suelo alemán no para vengarse de los alemanes, sino para cumplir su noble y gran misión de liberación. El recuerdo de los héroes de la lucha contra el nazismo es sagrado para nosotros.

Recordamos con gratitud a los aliados de la coalición antihitleriana, a los combatientes de la Résistance y a los antifascistas alemanes, que acercaron la victoria.

A pesar de las terribles experiencias de la Guerra
Mundial, los pueblos de Europa han conseguido superar
la alienación y encontrar el camino de vuelta a la
confianza y el respeto mutuos. Han puesto rumbo a la
integración para poner fin a las tragedias europeas de la
primera mitad del siglo pasado. En particular, quisiera
señalar que la reconciliación histórica entre nuestro
pueblo y los alemanes del este y del oeste de la
Alemania ahora unida desempeñó un papel colosal en la
configuración de esa Europa.

También hay que recordar que fueron los empresarios
alemanes los pioneros de la cooperación con nuestro
país en los años de posguerra. En 1970 se cerró el "trato
del siglo" entre la URSS y la República Federal de
Alemania con el acuerdo de suministro de gas a largo
plazo a Europa. Esto sentó las bases de una
interdependencia constructiva y posteriormente hizo
posibles muchos grandes proyectos, como el Nord
Stream.

Esperábamos que el final de la Guerra Fría significara la
victoria de toda Europa. Parecía que no faltaba mucho
para que el sueño de Charles de Gaulle de un
continente unido se hiciera realidad, y no tanto
geográficamente desde el Atlántico hasta los Urales
como cultural y civilizatoriamente desde Lisboa hasta
Vladivostok.

Precisamente en este sentido -en la lógica de crear una
gran Europa unida por valores e intereses comunes-

Rusia ha querido desarrollar sus relaciones con los europeos. Tanto nosotros como la Unión Europea hemos podido conseguir muchas cosas de esta manera.

Sin embargo, prevaleció un enfoque diferente. Subyacía la expansión de la Alianza del Atlántico Norte, en sí misma una reliquia de la Guerra Fría. Al fin y al cabo, se creó para la confrontación en aquella época.

La causa fundamental de la creciente desconfianza mutua en Europa residía en el avance hacia el este de la alianza militar, que por cierto comenzó con la persuasión de facto de los dirigentes soviéticos para que aceptaran que una Alemania unida se uniera a la OTAN. Las promesas verbales de la época, en la línea de "Esto no va dirigido contra vosotros" o "Los límites del bloque no se acercarán a vosotros" se olvidaron demasiado rápido. Se sentó el precedente.

Desde 1999 se han producido otras cinco "oleadas" de expansión de la OTAN. Otros catorce países se adhirieron a la alianza, incluidas las antiguas repúblicas soviéticas, poniendo fin a cualquier esperanza de un continente sin líneas divisorias.

Por cierto, uno de los principales políticos del SPD, Egon Bahr, ya lo había advertido. A mediados de los años 80, propuso una reorganización radical de toda la estructura de seguridad europea tras la unidad alemana. Con la participación tanto de la URSS como de

Estados Unidos. Pero ni en la URSS, ni en EE.UU., ni en
Europa nadie le hizo caso.

"Estamos abiertos a una cooperación justa y creativa"

Es más, a muchos países se les ha presentado una
opción artificial: unir fuerzas con el Occidente colectivo
o con Rusia. De hecho, se trataba de un ultimátum. Las
consecuencias de esta política agresiva se ilustran
vívidamente con el ejemplo de la tragedia ucraniana de
2014.

Europa apoyó activamente el golpe armado
inconstitucional en Ucrania . Todo comenzó con eso.
¿Por qué era necesario? El presidente Viktor
Yanukovich, que estaba en el cargo en ese momento, ya
había aceptado todas las demandas de la oposición.
¿Por qué Estados Unidos organizó este golpe y por qué
los Estados de la UE lo apoyaron sin quererlo y
provocaron así la división dentro de Ucrania y la salida
de Crimea del Estado ucraniano?

Todo el sistema de seguridad europeo se encuentra
actualmente en un estado desolador. Las tensiones
aumentan, el riesgo de una nueva carrera
armamentística es palpable. Estamos perdiendo las
enormes oportunidades que nos ofrece la cooperación.
Esto es aún más importante hoy en día, ya que todos
nos enfrentamos a los retos comunes de la pandemia y
a sus gravísimas consecuencias sociales y económicas.

¿Por qué ocurre esto? Y sobre todo: ¿Qué conclusiones debemos sacar juntos? ¿Qué lecciones de la historia debemos recordar? En mi opinión, lo más importante es que toda la historia de la Gran Europa de la posguerra ha demostrado lo siguiente: la prosperidad y la seguridad de nuestro continente común sólo son posibles mediante los esfuerzos combinados de todos los países, incluida Rusia. Porque Rusia es uno de los mayores países europeos. Y sentimos nuestros inseparables lazos culturales e históricos con Europa.

Estamos abiertos a una cooperación justa y creativa. Esto también subraya nuestra sugerencia de crear un área de cooperación y seguridad común desde el Atlántico hasta el Pacífico, que podría incluir varios formatos de integración, incluyendo la Unión Europea y la Unión Económica Euroasiática.

Me gustaría insistir una vez más: Rusia aboga por el restablecimiento de una asociación global con Europa. Hay muchas cuestiones de interés común: seguridad y estabilidad estratégica, salud y educación, digitalización, energía, cultura, ciencia y tecnología, soluciones a los problemas climáticos y medioambientales.

El mundo evoluciona de forma dinámica y se enfrenta constantemente a nuevos retos y amenazas. Y no podemos permitirnos cargar con el peso de los malentendidos, las heridas, los conflictos y los errores del pasado.

Un lastre que nos impide resolver los problemas actuales. Estamos convencidos de que debemos admitir y corregir todos estos errores. Nuestro objetivo común e indiscutible es garantizar la seguridad del continente sin líneas divisorias y un espacio unificado para la cooperación igualitaria y el desarrollo colectivo en interés de la prosperidad de Europa y del mundo entero.

Negociaciones con Rusia

Nada en Ucrania sugiere que la guerra rusa vaya a terminar pronto. Sin embargo, a diferencia del resto del mundo, los negociadores ucranianos y rusos parecen creer en una posible solución diplomática. "Todo el mundo espera noticias", dijo el presidente ucraniano Volodimir Zelensky en un discurso pronunciado el lunes tras la última ronda de conversaciones entre ambos países. Las noticias aún tardarán en llegar.

No se dice que las conversaciones del lunes hayan fracasado; sólo hubo una "pausa técnica", dijo el enviado de Zelenski, Mikhailo Podoljak. La cuarta ronda de negociaciones comienza el martes. A principios de este fin de semana, Podoljak tuiteó que se habían hecho progresos, ahora que los "rusos ya no ponen ultimátums, sino que escuchan seriamente nuestras propuestas". Escribió que las negociaciones se centrarían a partir de ahora en "la paz, el alto el fuego, la retirada inmediata de las tropas y las garantías de seguridad".

A Putin le interesa negociar con Ucrania porque si algo ha dejado claro esta invasión es que el poder militar de Rusia se tambalea. La invasión ha sido de todo menos suave para Rusia y ya ha costado la vida a miles de soldados.

El avance ruso se ha convertido en un desastre logístico; Putin puede cambiar las tornas si cambia rápidamente su estrategia o la "suerte" debe acudir rápidamente a su rescate. El ejército ucraniano está ofreciendo una feroz resistencia, tiene claramente un mayor conocimiento del terreno y cuenta con mejores y más eficaces armas suministradas por Occidente. Además, la economía rusa está en caída libre desde que Occidente impuso duras sanciones.

Retiro aceptable

Todavía no hay indicios de que Rusia esté dispuesta a abandonar su invasión o a retirar las tropas, pero sí parece que Putin quiere al menos mantener abierta la posibilidad de una retirada "aceptable", en caso de que su guerra le resulte demasiado costosa.

El presidente Zelensky también se beneficia de las negociaciones, incluso si su oposición a la fuerza de invasión rusa tiene éxito. Las probabilidades marciales pueden estar cambiando para Ucrania, y ciertamente no es descartable que Rusia, tras un comienzo desastroso, se recupere militarmente y decida la guerra a su favor y, por ejemplo, tome Kiev o la arrase. La fuerza de invasión rusa, a pesar de sus numerosas pérdidas, se acerca cada vez más a la capital.

El precio humanitario que está pagando Ucrania en esta guerra es ya muy alto, ya que Rusia intenta arrasar ciudades enteras. Los rusos están recurriendo a medios cada vez más pesados a medida que la guerra continúa. Sólo en la ciudad portuaria del sur, Marioepol, se

calcula que han muerto más de 2.500 civiles. El lunes
fracasaron varios intentos de evacuación en la ciudad;
aún así, unos 160 civiles consiguieron huir de la zona en
coche. La ciudad ucraniana de Járkov está
constantemente bajo el fuego ruso, dijo el lunes el
alcalde de la ciudad. Y la batalla por Kiev aún no ha
comenzado. Además, las peticiones de Zelensky de
crear una zona de exclusión aérea no son escuchadas en
Occidente.

El suministro mundial de alimentos está en peligro
Además, la economía ucraniana está sufriendo aún más
por la invasión rusa que la economía rusa por las
sanciones occidentales. Según el FMI, la economía
ucraniana corre el riesgo de reducirse en un 35% y el
suministro mundial de alimentos (incluido el de
Ucrania) está en peligro si la guerra no termina pronto.

Es posible que Putin espere que Zelensky renuncie a
Crimea y a las repúblicas autoproclamadas del este de
Ucrania en las negociaciones, lo que le permitiría
vender la guerra a los rusos como una victoria -Zelensky
se refirió indirectamente a esta posibilidad la semana
pasada-.

Pero parece improbable que se produzca un avance real
hasta que Zelensky y Putin hablen directamente entre
sí, algo que Zelensky lleva pidiendo desde hace tiempo.
El lunes, el Kremlin hizo saber que aún no se ha recibido
la petición ucraniana de hacerlo. Si se llega a una

reunión, probablemente tendrá lugar en Israel o en Turquía.

¡Sanciones!

"Estados Unidos ha declarado la guerra a Rusia económicamente y la está librando", dijo el miércoles el portavoz del Kremlin, Dmitry Peskov. Moscú dice que está considerando seriamente qué hacer después de que el presidente de Estados Unidos, Joe Biden, decidiera el martes prohibir las importaciones de combustibles fósiles como el petróleo y el gas procedentes de Rusia. Anteriormente, el país impuso sanciones a los bancos rusos, a los ejecutivos y al banco central del país.

Según Peskov, Rusia es y seguirá siendo un proveedor de energía fiable y seguirá suministrando flujos de energía. "Pero se ven las bacanales, las bacanales hostiles, que Occidente ha sembrado. Y eso, por supuesto, dificulta mucho la situación y nos obliga a reflexionar seriamente", dijo el portavoz.

Estados Unidos y la UE ya habían impuesto duras sanciones económicas a causa de la invasión rusa de Ucrania. Peskov anunció el sábado que los países occidentales que han impuesto tales medidas a Rusia son culpables de "bandidaje económico", según el gobierno ruso.

Nuestra propia economía también se verá afectada.

Pero la guerra también tiene graves consecuencias para nuestra propia economía. Algunos economistas incluso advierten que podríamos acabar en recesión en Estados Unidos y Europa. 'Me temo que eso es posible', dicen los principales economistas. Ya teníamos una inflación incómodamente alta que erosionaba el poder adquisitivo, y está empeorando mucho con la subida de los precios del petróleo y el gas. Las exportaciones a Rusia también se están paralizando prácticamente. Y luego sólo queda esperar que Putin no cierre completamente el grifo del gas en Europa".

¿Puede Rusia hacer frente a esta guerra?

Rusia es el país más grande del mundo en términos de territorio, pero en términos de economía es un país pequeño, relativamente. El año pasado, la economía rusa ascendió a unos 1033.000 millones de euros. En realidad, esa cifra es sólo ligeramente superior a la de un país europeo, Holanda (850.000 millones de euros), pero inferior a la de España (1.200.000 millones) y más de tres veces inferior a la de Alemania (3.500.000 millones).

"La economía rusa funciona gracias a la exportación de materias primas, no sólo de petróleo y gas, sino también de metales, cereales y otros". En 2021, el petróleo y el gas representaron más de la mitad (55%) de las exportaciones, y casi la mitad (45%) de los ingresos del Estado. "La energía es una parte importante de esas exportaciones; Rusia es uno de los mayores productores de gas y petróleo del mundo".

Es poco probable que las exportaciones de gas y petróleo de Rusia a Occidente se detengan. "También en el pasado, por ejemplo durante la anexión de Crimea, nunca se tocaron los suministros físicos de energía. Uno siempre se mantiene lejos de eso".

Pero si se llega a eso, tanto Europa como Rusia se verían afectadas. "Porque en Europa necesitamos ese gas y Rusia depende de nuestros pagos".

La economía de materias primas de la producción de petróleo y gas, en particular, ha aportado mucho a Rusia en los últimos años, reforzada por la subida de los precios. Como resultado, el país cuenta con enormes reservas financieras. Las reservas de divisas y oro se han incrementado hasta los 630.000 millones de dólares y el fondo soberano posee 174.000 millones de dólares.

Una prohibición de Swift

Una dura sanción que pende sobre la cabeza de Rusia es la desconexión de los pagos internacionales al desconectar a los bancos rusos de Swift. Los bancos de todo el mundo utilizan Swift para las transacciones financieras internacionales, y la desconexión de un país hace que los pagos y las transferencias sean prácticamente imposibles. Sin Swift, incluso retirar dinero de una cuenta bancaria rusa podría resultar problemático para los rusos de a pie dentro y fuera de Rusia.

La UE se abstiene por el momento de imponer la sanción Swift, según se ha anunciado esta tarde en Bruselas. Algunos países de la UE, como Italia y Austria, temen las repercusiones en sus propias economías debido a los importantes intereses e inversiones de los bancos en Rusia. Esos temores se han puesto de manifiesto hoy con la caída de las cotizaciones de muchos grandes bancos europeos. Y también es demasiado pronto para el arma de las sanciones pesadas Swift, el día 1 de la invasión, razonaron los Estados miembros de la UE.

El Reino Unido, a través del Primer Ministro Boris Johnson, ha anunciado esta tarde más sanciones por su cuenta, incluyendo la congelación de activos de los mayores bancos rusos en el Reino Unido y la exclusión del sistema financiero británico. El cierre de Swift sigue abierto como sanción, según Johnson.

Estados Unidos es un firme defensor de la sanción de Swift, entre otras cosas porque sus propios intereses financieros y económicos en Rusia son pequeños, pero también está a la espera de hacerlo. Sin embargo, las medidas punitivas se han ampliado a más bancos y particulares rusos.

A petición del Banco Central Europeo (BCE), los bancos europeos han indicado la cuantía de sus participaciones en Rusia y, por tanto, lo que está en juego y se puede perder. ING estima ese riesgo en unos 4.900 millones de euros, Rabobank piensa en unas decenas de millones. Sólo ABN Amro dice que no hay nada que perder.

Según las últimas cifras del BPI, el Banco de Pagos Internacionales, los bancos holandeses tienen pendientes 1.500 millones de dólares con residentes rusos. En el caso de los bancos alemanes y franceses, las reclamaciones son considerablemente mayores, 7.400 y 8.700 millones de dólares respectivamente. Los bancos británicos son los que más riesgo tienen, con 13.600 millones de dólares, mientras que los estadounidenses son los que menos, con sólo 366 millones. Desde este punto de vista, la restricción financiera de Rusia le está costando muy poco a Estados Unidos.

Relación económica entre Rusia y China

Eludir el bloqueo financiero es difícil, pero no imposible. Los bancos están supervisados por los bancos centrales y a través de Swift se pueden seguir todos los movimientos, y especialmente Estados Unidos es partidario de un duro bloqueo financiero. Al hacer negocios con Rusia en secreto, los bancos se arriesgan a recibir multas y sanciones de Estados Unidos.

Rusia y China llevan trabajando en su propio sistema Swift alternativo desde 2015, los rusos por precaución desde la invasión de Crimea y los chinos con vistas a las sanciones financieras por las escaramuzas en torno a Taiwán. El sistema SPFS de Rusia gestiona ahora el 20% de los pagos nacionales. La red se limita ahora a países como Bielorrusia, Kazajistán, Turquía e Irán, además de varias docenas de bancos, incluidos los de Alemania y Suiza. Con todo, sigue siendo completamente insuficiente para sustituir a Swift.

Rusia y China están estudiando la posibilidad de conectar ambos sistemas para que, en caso de sanciones internacionales, ambos puedan seguir comerciando entre sí, fuera de la vista de Estados Unidos. Las sanciones contra Rusia en caso de invasión de Ucrania podrían incluso acelerar la cooperación entre rusos y chinos.

La UE excluye a 7 bancos rusos del sistema de pagos Swift.

El Consejo ha impuesto nuevas medidas restrictivas en respuesta a la agresión militar no provocada e injustificada de la Federación Rusa contra Ucrania.

En particular, el Consejo prohibió lo siguiente:

la prestación de servicios especializados de mensajería financiera utilizados para el intercambio de datos financieros (Swift), a Bank Otkritie, Novikombank, Promsvyazbank, Rossiya Bank, Sovcombank, VNESHECONOMBANK (VEB) y el VTB BANK.

Esta prohibición entrará en vigor el décimo día siguiente a su publicación en el Diario Oficial de la UE y se aplicará también a las personas jurídicas, entidades u organismos establecidos en Rusia cuyos derechos de propiedad pertenezcan en más de un 50%, directa o indirectamente, a los bancos mencionados que inviertan, participen o contribuyan de otro modo a proyectos cofinanciados por el Fondo de Inversión Directa de Rusia para vender, suministrar, transferir o exportar billetes en euros a Rusia o a cualquier persona física o jurídica, entidad u organismo de Rusia, incluidos el Gobierno y el Banco Central de Rusia, o para su uso en Rusia.

Estas decisiones complementan el paquete de medidas anunciado por la Alta Representante el 27 de febrero tras la videoconferencia de los ministros de Asuntos Exteriores de la UE. Otras medidas son el suministro de equipos y material a las Fuerzas Armadas ucranianas a través del Fondo Europeo para la Paz, la prohibición de acceso al espacio aéreo y a los aeropuertos de la UE a todo tipo de aerolíneas rusas, la prohibición de realizar transacciones con el Banco Central ruso y la prohibición de emitir en la UE a los medios estatales rusos Russia Today y Sputnik.

La Unión Europea condena en los términos más enérgicos la agresión militar no provocada e injustificada de la Federación Rusa contra Ucrania, y exige que Rusia cese inmediatamente sus acciones militares, retire todas las fuerzas armadas y el equipo militar de todo el territorio de Ucrania y respete plenamente la integridad territorial, la soberanía y la independencia de Ucrania dentro de sus fronteras internacionalmente reconocidas.

¿Las sanciones perjudican a Putin?

La UE ha congelado los activos que tienen escondidos en Europa. "Es lógico que no se mire sólo al entorno, sino también a los artífices del derramamiento de sangre".

No sólo la Unión Europea está imponiendo sanciones a Rusia y a Putin, sino también el gobierno de Estados Unidos. Entre otras cosas, el presidente Biden anunció que los grandes bancos rusos ya no tendrán acceso a sus activos en Estados Unidos.

Biden cree que las personas que se benefician personalmente de las políticas rusas también deben sentir el dolor de dichas sanciones. En parte por esta razón, Estados Unidos ha incluido a los rusos de alto rango y a sus familiares en una lista de sanciones.

Pero golpear también al propio presidente ruso en la cartera, eso es mucho más complicado. No se sabe con exactitud cuál es la riqueza de Vladimir Putin. A pesar de que lleva veinte años en el poder, o quizás gracias a ello, es prácticamente imposible saber qué posesiones y cuentas bancarias llenas le pertenecen.

Sin cuenta bancaria en el extranjero

51

Según los datos publicados anualmente por el Kremlin, Putin ganó unos 140.000 dólares (124.000 euros) como presidente de Rusia en 2020. Las únicas posesiones que enumera son tres coches, una caravana, un apartamento de 75 metros cuadrados y un garaje. Putin también hace uso de otro apartamento en Moscú, de unos 150 m2, y dos plazas de aparcamiento.

Además, los estadistas rusos tienen prohibido tener cuentas bancarias en el extranjero, según declaró previamente un portavoz del Kremlin a la agencia de noticias Reuters. ¿Qué tan probable es que éste sea el único activo de Putin y que, en parte por ello, sea muy difícil imponerle sanciones financieras personalmente?

Es posible, escribe la revista de negocios Forbes, que la falta de evidencia de un Putin rico signifique en realidad que no tiene mucho dinero y que sólo le gustaría que el mundo entero creyera lo contrario. Tampoco necesita ese dinero en absoluto, escribió un columnista de la agencia de noticias Bloomberg en 2013; después de todo, tiene un país entero bajo su control que está a su entera disposición.

Hay otras dos teorías sobre la supuesta riqueza de Putin que Forbes considera más probables. Para la primera, hay que remontarse a 2003 y a la detención del magnate del petróleo Mijaíl Jodorovski. Hasta su condena por, entre otras cosas, evasión de impuestos y fraude, era el hombre más rico de Rusia y un crítico abierto de Putin.Chodorovsky debía su riqueza a su empresa petrolera Yukos, que fue desmantelada tras su condena. En declaraciones a Forbes, el financiero estadounidense y crítico de Rusia Bill Browder afirma que, tras la detención de Chodorovsky, Putin llegó a un acuerdo con otros ricos petroleros.

Putin gobierna Rusia como la mafia

"Dame la mitad de tu riqueza y puedes quedarte con la otra mitad", según Browder, era la táctica del presidente. "Si no, Putin se quedaba con el 100% y te metía en la cárcel". En base a ese trato, Putin se habría hecho con 200.000 millones de dólares en ese momento, lo que le convertiría en el hombre más rico del mundo.

Otro escenario de Forbes es el "modelo mafioso". Putin otorgaría a sus familiares, amigos y otras personas cercanas a él grandes contratos y los pondría al frente de grandes empresas. A cambio, recibiría dinero en efectivo, acciones y otros beneficios. Según el economista sueco Ander Aslund, los activos de Putin tendrían un valor de entre 100.000 y 130.000 millones de dólares según este escenario.

¿Cómo se desarrollará la guerra?

En la madrugada del jueves 24 de febrero, Rusia entró oficialmente en Ucrania tras muchas especulaciones y amenazas verbales. La profesora asociada e investigadora de Historia de las Relaciones Internacionales Laurien Crump enlace externo ha sido (ha sido) invitada a varios programas para interpretar este acontecimiento histórico.

Como hemos explicado en los capítulos anteriores, las raíces de este conflicto se encuentran en los 11 meses posteriores a la caída del Muro de Berlín en 1989. "Gorbachov, el entonces líder de la Unión Soviética, tenía grandes planes para un hogar común europeo y el regreso de Rusia a Europa", entre otras cosas, esperaba que la Conferencia sobre Seguridad y Cooperación en Europa (CSCE), ahora Organización para la Seguridad y la Cooperación en Europa (OSCE), contribuyera a ello. Pero, como en esos años también se libraba la Guerra del Golfo, la atención se centró cada vez más en la OTAN y en la entonces Comunidad Europea, y en cómo ampliarlas hacia el este. Así, desde el principio quedó claro que no había lugar para Rusia en Europa.

La perspectiva rusa

"También debemos entender que es extremadamente amenazante para Rusia tener una alianza militar tan grande y armada hasta los dientes tan cerca de la frontera rusa [si la OTAN se expande, ed.]". La retórica de Occidente antes de la invasión tampoco ayudó: que Occidente siguiera gritando a los cuatro vientos que Rusia iba a invadir Ucrania es, según Crump, "una llama adicional en la sartén". Y no es sólo Rusia la que difunde propaganda. Desde hace semanas, en Occidente se habla de un vídeo ruso que escenifica un ataque de Ucrania. "Mientras tanto, no hay ninguna prueba de que ese vídeo exista. También se ve en el lado occidental una especie de retórica de guerra, que lleva a un círculo vicioso".

Discurso de Putin en febrero de 2022

El lunes 21 de febrero, Putin pronunció el discurso que anunciaba la redada. "La verdad es que me pareció aterrador", dice Crump. "Hasta hace poco, pensaba que todavía podía haber una vía de salida diplomática; ahora eso parece pasado de moda. Putin da la impresión de estar alejado de la realidad". Hasta ahora, todavía podía situar las exigencias rusas en un contexto histórico, dice, pero en su discurso de cinco cuartos de hora, Putin se remite al Imperio Ruso, o más bien al Imperio de Kiev, al que pertenecía Ucrania, negando así el derecho de ésta a existir como Estado soberano.

Crump también destaca el momento del discurso. El 20 de febrero terminaron los Juegos Olímpicos, lo que representa un periodo de paz. "Hasta entonces, había oportunidad para las negociaciones diplomáticas y Putin podía retirarse sin perder la cara". El periodo de diplomacia parece ahora casi terminado.

Tres escenarios

Crump esbozó tres escenarios para el avance del conflicto, los dos primeros de los cuales ya se han producido. El primer escenario era el reconocimiento de Donetsk y Lugansk como regiones independientes, lo que permitía a Putin enviar fuerzas militares a estas zonas. En el segundo escenario, Putin tenía la vista puesta en toda la región de Donbás, un área en el este de Ucrania que es tres veces más grande que Donetsk y Lugansk. El tercer escenario es que Putin quiere tomar toda Ucrania. "Tiene muchas tropas estacionadas en Bielorrusia, una flota en el Mar de Azov y ya está en Crimea, así que Ucrania ya está bastante rodeada. Eso me parecía bastante improbable antes, pero después del discurso ahora es menos descabellado".

Reacciones de Occidente

Tras el discurso de Putin y el reconocimiento de las dos "repúblicas", anunció una "misión de paz" rusa en esas zonas. El primer ministro británico, Johnson, habla ahora de una invasión, mientras que la Unión Europea se mantiene al margen. También hay desacuerdo sobre las posibles sanciones. "Ahora se ve dentro de la UE que las antiguas repúblicas soviéticas quieren escalar inmediatamente, mientras que otros estados miembros, quieren entrar en fase", explica además Crump.

Independientemente de las sanciones que imponga ahora Occidente, Rusia ha tenido en cuenta de antemano todas las posibilidades. Por ejemplo, el ministro de Asuntos Exteriores ruso ha dicho antes que Rusia ya está acostumbrada a su aislamiento y a las sanciones de la UE. Por eso es muy importante no abandonar del todo la diplomacia, dice Crump. "Lo que me parece peligroso ahora es que declarar que los Acuerdos de Minsk han sido superados, como ha hecho hoy Putin, es en realidad una declaración implícita de guerra". Eso significa que una solución diplomática se vuelve enormemente difícil. "Si los canales diplomáticos se cierran y Rusia queda completamente aislada, se producirá una nueva escalada y, de todos modos, me temo que iremos al tercer escenario".

Sanciones

En la noche del 23 al 24 de febrero, en torno a las 4 de la madrugada, salen los primeros informes sobre la incursión rusa en Ucrania. La Unión Europea, Estados Unidos y otros países anuncian sanciones más duras. El primer ministro británico, Boris Johnson, entre otros, es partidario de aislar completamente a Rusia del sistema Swift internacional. Esto excluiría al país de las finanzas internacionales. Crump también cree que esa sería una sanción apropiada, dice. "Hay muchas dudas al respecto ahora, porque también nos afecta a nosotros. Pero pienso: si no es el momento adecuado, ¿cuándo lo es? Ahora es el momento de ponerle fin".

"Es la última sanción, y me parece que no hay que esperar demasiado". Aunque no lo ve como una solución. "La palabra 'solución' ya no es apropiada; no veo cómo se puede resolver esto", dice Crump. "Es posible tomar más medidas, pero también serán contraproducentes". Como ejemplo, cita el aislamiento de Rusia en la diplomacia internacional.

Crump vuelve a hablar de la sanción a Swift, que ha sido bloqueada por algunos países europeos. El paquete de sanciones que está ahora en vigor es firme, dice, "pero en relación con lo que está ocurriendo ahora en Ucrania y con un gobierno y un presidente rusos que en realidad quieren derrocar todo el orden mundial posterior a la Guerra Fría, no creo que sea ni mucho menos lo suficientemente firme."

Amortiguador contra la OTAN

Crump también señala que a muchos rusos tampoco les gusta la guerra. "Se puede ver que Putin ha exagerado enormemente en el plano político interno. Muchos rusos no apoyan [la guerra], y también los rusos de Putin piden ahora que se detenga". En su opinión, la amenaza de la OTAN sigue siendo el mayor problema. "Creo que Putin está realmente preocupado por Ucrania. No creo que quiera anexionarse los países bálticos o Polonia u otros estados miembros de la OTAN, pero quiere tener un amortiguador allí."

En su opinión, Putin está a favor del presidente Zelensky
y, en particular, de la democratización que defiende.
"Creo que la esperanza de Putin es instalar una especie
de gobierno títere, que en algún momento, con la
ayuda de los rusos, pero no con 190.000 soldados rusos,
pueda mantenerse a flote, como ha ocurrido en muchos
otros países de la zona".

Cien mil refugiados ucranianos

La OTAN se reunió por primera vez el 25 de febrero y
decidió enviar tropas a Europa del Este. "La OTAN no
puede enviar tropas a Ucrania por sí misma", dice
Crump en News and Co (25 de febrero), "entonces
pronto estarás en una Tercera Guerra Mundial, eso hay
que evitarlo, por supuesto, así que se están enviando
tropas para asegurarse de que los rusos no avanzan más
hacia el oeste y que las fronteras de la OTAN, que
corren cerca de los países bálticos, que esas se
refuerzan."

Mientras tanto, miles de ucranianos han huido del país.
En la actualidad, se calcula que hay unos cien mil
refugiados, pero la cifra podría aumentar a cuatro o
cinco millones. Crump sospecha que la mayoría se dirige
hacia Polonia y otros países vecinos, donde, a diferencia
de otros refugiados, parecen ser bienvenidos. "La
región" la asociamos normalmente con Siria o
Afganistán, algo muy lejano, pero "la región" es ahora
Europa. Y hay una gran comunidad polaca en Ucrania,

por lo que se considera un pueblo hermano, así que los polacos tienen una visión muy diferente de eso".

Negociaciones entre Ucrania y Rusia

El 28 de febrero tendrán lugar las primeras negociaciones entre Ucrania y Rusia. Según Crump, las posibilidades de que ambos países lleguen a un acuerdo son muy escasas. "En primer lugar, tienen lugar en la frontera con Bielorrusia, algo que Zelensky no quería en primer lugar, porque Bielorrusia apoya de hecho la invasión", explica. En segundo lugar, Putin ya ha dicho anoche que pondrá las armas nucleares en estado de alerta, por lo que se negocia con un cuchillo muy grande sobre la mesa".

También se considera un día crucial para las ciudades de Kyiv y Kharkiv. "Hay un avance constante por parte de los rusos, por otro lado la resistencia es mucho mayor de lo que los rusos habían estimado, se están cometiendo errores tácticos por parte de los rusos, el aeropuerto cercano a Kiev aún no está en manos rusas y eso es crucial. Así que aún no es un acuerdo cerrado", dijo Crump.

Armas nucleares rusas en posición

Un día antes, Putin amenazó con utilizar armas nucleares. "El avance en Ucrania no está siendo tan rápido como él esperaba. Creo que esperaba haber tomado Kiev hace mucho tiempo, así que estamos viendo un poco de un gato acorralado dando saltos extraños aquí", dice Crump. "Y está relacionado con una doctrina rusa, la doctrina Gerasimov, que ve las armas nucleares como un paso lógico en la escalada de un conflicto militar".

Crump no se atreve a decir si Putin desplegará realmente las armas nucleares. "No creo que podamos descartar nada en este momento. Occidente está tratando de ser muy cuidadoso al respecto, apoyando a Ucrania de todo tipo de maneras, con armas, ayuda humanitaria, sanciones y demás, pero no enviando tropas militares allí. Así que si depende de Occidente, no significa eso. Por otro lado, en el lado ruso, se ve la aparición de un presidente imprevisible, que da su propio giro a todo. Así que el giro que va a dar, es totalmente incierto por ahora".

Comunidad internacional unificada

Crump responde a la pregunta de cómo debe responder Occidente a estas amenazas. "Lo que se ve es que Occidente está mucho menos dividido de lo que esperaba Putin", responde. "Incluso la Unión Europea está extraordinariamente unida. Incluso un antiguo aliado de Putin, el primer ministro húngaro Orbán, ha respaldado las sanciones de la UE". También mencionó a Corea del Sur, Japón y Singapur, que también están imponiendo sanciones. "Incluso la postura de China es notable", dijo Crump. China no condenó la invasión, pero se abstuvo en el Consejo de Seguridad de las Naciones Unidas cuando votó para condenarla.

No mucho más tarde, China se ofreció como "mediador neutral". "China está muy dividida", explica Crump. "No quieren pronunciarse en contra de la invasión, pero por otro lado ahora están solos en eso y los chinos siempre están muy a favor de la soberanía y la no intervención".

China también tiene vínculos con Ucrania; es el primer socio comercial de este país. Según Crump, existe una posibilidad real de que el país asuma por tanto ese papel de mediador.

Corte Internacional de Justicia y Corte Penal Internacional
Cada vez hay más voces que piden que Putin sea condenado también a través de la Corte Internacional de Justicia. "Lituania también se ha sumado a la mezcla al presentar la Corte Penal Internacional", dice Crump. Putin podría entonces ser clasificado como criminal de guerra y unirse a una notoria lista de otros dictadores.

Sin embargo, es poco probable que esto haga cambiar de opinión a Putin. "Él no reconoce todos esos tribunales, pero esto se suma a su condición de paria. Y podría contribuir a una mayor erosión de su apoyo, no sólo en Rusia sino quizás también dentro de su propio entorno".

Apoyo al desmoronamiento

De todos modos, ese apoyo ya se está evaporando, dice Crump. "Se puede ver en varios frentes que el apoyo se está evaporando muy rápidamente". Cita a los rusos que antes votaban a Putin pero que ahora se vuelven contra él. Pero también cada vez más oligarcas, que antes navegaban a la derecha del régimen de Putin, ven la guerra como una causa perdida. Especialmente ahora que costará mucho dinero debido a las sanciones.

"Y hay rumores, pero por supuesto esto es mucho más difícil de verificar, de que también hay gente en el propio entorno de Putin que piensa que ahora está yendo demasiado lejos". Señala imágenes de televisión de conversaciones incómodas con personas del consejo de seguridad, que según ella no dan la respuesta que Putin había preparado con ellos.

El efecto de las sanciones

El 2 de marzo, Crump nos dice que las sanciones económicas no disuadirán a Putin a corto plazo. Sin embargo, aseguran que la presión se ejercerá sobre él desde abajo. "Como país, Rusia puede mantenerse a flote financieramente, creo, pero el pueblo ruso ya lo está notando en sus bolsillos. No pueden sacar dinero ni transferirlo al extranjero ni recibirlo. Ya no se les permite llevar mucho dinero al extranjero, así que las protestas están creciendo a una escala sin precedentes también en Rusia."

Putin está creando un enemigo en el pueblo, argumenta Crump. "Supongamos que Putin toma Ucrania -ya está bombardeando todas esas ciudades-, entonces pronto tendrá un país en el que tendrá que establecer un gobierno títere para implementar un cambio de régimen.

Pero un gobierno títere como ése lo tendrá muy difícil para enfrentarse a un pueblo que se ha resistido tan enérgicamente, y que seguirá haciéndolo. Puedes ganar militarmente, pero si no te ganas los corazones y las mentes, no puedes gobernar ese país", dijo Crump.

Suministro de energía

El presidente Biden anunció que Estados Unidos dejará de importar inmediatamente gas y petróleo ruso. Crump explica las implicaciones de estas nuevas sanciones, para Rusia y Europa. "Mientras se quede en Estados Unidos, no es un golpe tan duro para Rusia. Sólo será un golpe realmente duro si la Unión Europea también lo apoya". En respuesta a esta medida de los estadounidenses, Rusia amenazó con cerrar el grifo del gas de Nord Stream 1, el gasoducto por el que fluye el gas desde Rusia a toda Europa.

"Esta amenaza es efectiva desde el punto de vista ruso porque permite a Putin ser divisivo. Es un punto de ruptura porque tiene enormes repercusiones para Europa y los países de la UE, pero no para Estados Unidos."

Estados Unidos, sin embargo, es muy consciente de las tácticas de Putin: "Se puede ver que Biden en su discurso ya intenta anticiparse retóricamente a esta amenaza diciendo que no espera que la UE le siga", dice Crump.

En Europa, el suministro de gas sigue siendo suficiente para aguantar hasta el final del invierno, y hay planes en marcha, como en otros países, para reducir la dependencia de Rusia.

Negociaciones diplomáticas en curso
Mientras tanto, Ucrania y Rusia siguen manteniendo conversaciones. Esto, según Crump, indica que ambos países siguen interesados en una salida diplomática. También explica que esa salida implica un "acto de equilibrio muy complicado".

"El conflicto parece estar en un punto muerto en ambos frentes, tanto en el militar como en el diplomático", dice. "Eso no es una coincidencia. Ambas partes esperan conseguir algunas victorias más en el plano militar, y luego utilizarlas para forzar concesiones en el plano diplomático."

Aun así, hay esperanza. Crump señala que las exigencias tanto de Ucrania como de Rusia han cambiado ligeramente. "Lo que el presidente ruso Putin dijo al principio sobre este gran imperio ruso que imaginaba y su idea de un rápido cambio de régimen en Ucrania, esas cosas parecen ahora un poco más lejanas. Por otro lado, el presidente ucraniano Zelensky ha dicho que también es negociable retirar de la mesa la idea de un posible ingreso de su país en la OTAN y considerar a Ucrania como un país neutral con garantías de seguridad". Además, Putin ya no insiste en sustituir el régimen ucraniano, dice Crump. Además, los subgrupos están trabajando en las definiciones.

"Eso supone que ya se están negociando ciertos temas de forma algo más concreta, que también se está trabajando en un texto". Aunque lo más probable es que siga tratándose de un alto el fuego temporal y de corredores humanitarios.

La ausencia de un alto el fuego, sin embargo, es una señal menos esperanzadora. "Si realmente se está negociando en serio, como mínimo hay un alto el fuego para dar una oportunidad a la reflexión durante un tiempo y hasta ahora no lo hemos visto", dijo Crump a VTR News. También advierte que es posible que Rusia esté utilizando las negociaciones como herramienta de propaganda. Un indicio de ello es el hecho de que el ministro de Asuntos Exteriores ruso dijera en Antalya que no tiene mandato para hablar de corredores humanitarios.

Crump dice: "Eso sugiere, en primer lugar, que Putin sigue controlando firmemente ese frente, y, en segundo lugar, que la negociación es más bien una maniobra de propaganda de los rusos. Que pueden decir: 'Estamos en una misión de paz y estamos tratando de hacer la paz', en lugar de que se esté buscando realmente un acuerdo de paz".

¿Y si Putin pierde la guerra? ¿Y si gana? Estos son 8 escenarios de lo que potencialmente podría suceder...

La guerra en Ucrania La batalla en Ucrania está siendo más difícil de lo que Moscú esperaba. Sin embargo, Putin puede ganar la guerra. Pero, ¿qué pasará después? Para Putin, el futuro no parece brillante en casi todos los escenarios.

Para Estados Unidos, es seguro: El plan de Vladimir Putin era capturar Kiev en pocos días y derrocar al presidente ucraniano Zelensky.

No ha sido así. Más de dos semanas después del inicio de la invasión, los tanques rusos están en el río Dniéper, pero la victoria rusa en el campo de batalla no es en absoluto segura.

Con la "operación militar especial" de Putin empantanada en un caos sangriento, los analistas se preocupan por una cuestión: ¿cómo acabará esto?

Nadie puede predecir el futuro. Pero es posible elaborar escenarios, no como una previsión, sino como una primera ayuda para pensar en la guerra de Putin. El resultado real probablemente contendrá elementos de diferentes escenarios.

Sin embargo, al mismo tiempo, también está claro: en la mayoría de los escenarios, Putin no conseguirá lo que pretende.

ESCENARIO 1

Putin pierde la batalla, pierde su trono

La campaña militar está completamente empantanada, con pérdidas rusas cada vez mayores.

Para reponer las unidades diezmadas, Putin se ve obligado a utilizar reclutas. Sin embargo, la resistencia de los ucranianos no puede ser doblegada. En una guerra, la moral pesa tres veces más que el material, reza uno de los muchos tópicos sobre los conflictos armados.

Después de sólo dos semanas, la televisión estatal rusa comienza a plantear preguntas difíciles en voz alta. Con la muerte de los primeros reclutas rusos, la opinión en Rusia pronto se vuelve contra el Kremlin: la propaganda estatal pierde ante las madres rusas que lloran en la Plaza Roja.

Putin se ve obligado a retirarse detrás de la frontera ruso-ucraniana. En el escenario menos desastroso para él, consigue mantener uno o más de los tres territorios ucranianos que controlaba incluso antes de la invasión: Donetsk, Luhansk y Crimea. Un premio de consolación para limitar la pérdida de prestigio.

Una derrota también podría resultar más desastrosa para él: Putin pierde a Rusia. Una coalición anti-Putin de oligarcas frustrados, paladines enfurecidos y militares de alto rango decepcionados surge para derrocar el régimen. Frente a este escenario, Putin ha diezmado la oposición política y los medios de comunicación críticos en los últimos años. También en este escenario, la guerra ha trastornado un país y ha costado miles de vidas.

ESCENARIO 2

Putin gana la guerra, pero pierde la paz

Los analistas militares occidentales tienen razón: Rusia es demasiado fuerte al final. Tras un comienzo titubeante en las dos primeras semanas de la ofensiva, Putin pone de rodillas al gobierno de Zelensky, posiblemente con un prolongado asedio a las ciudades. Para romper la última voluntad de lucha, el ejército ruso puede desplegar otra arma nuclear táctica, matando a miles de personas a la vez.

Rusia toma el poder en Kiev. El presidente ucraniano Zelensky no puede justificar más muerte y destrucción en su país y se refugia en el extranjero. Las fuerzas armadas ucranianas deponen las armas. Putin instala un régimen dirigido por el expresidente Víktor Yanukóvich, que huyó en 2014.

Los medios de comunicación estatales rusos cantan la victoria: La misión de Putin está completa, la Rusia histórica vuelve a ser una. Lentamente, además, la coalición de sanciones que Occidente había forjado se está desmoronando. Las empresas y los ciudadanos de las veleidosas democracias empiezan a sentir el dolor de los menores beneficios y las mayores facturas. Los panaderos prevén un precio del pan de 6 dólares.

En un escenario favorable a Putin, éste cantará las sanciones. Una gran crisis económica no significa necesariamente la caída de un régimen autocrático, descubrió el historiador Tom Pepinsky.

Siendo más realistas, Putin puede descubrir que, aunque ha ganado la guerra, tiene un enorme problema entre manos. Ucrania es un poco más grande que Francia. Es un área que no puede simplemente ocupar. "Incluso los 190.000 militares desplegados ahora son insuficientes para controlar el país", dice Tim Sweijs, experto en defensa del Centro de Estudios Estratégicos de La Haya. "No hay más que ver las intervenciones occidentales en Irak y Afganistán.

Los ucranianos no tienen intención de resignarse a lo inevitable, especialmente después de todos los sacrificios. Una resistencia apuntalada por Occidente con armas y dinero está convirtiendo la guerra de Putin en una prolongada guerra de guerrillas que persigue a Putin y al resto de su gobierno. Rusia languidece bajo un régimen internacional de sanciones y aislamiento.

ESCENARIO 3

Putin consolida sus conquistas y se reparte Ucrania

El gobierno de Zelensky debe finalmente huir de Kiev e instalarse en Lviv, la nueva capital. Las tropas rusas se detienen en el río Dniéper y se atrincheran.

"Puede llegar un momento en que Putin diga: declaremos la victoria y volvamos a casa", dice Sweijs. Se está trazando una nueva frontera nacional: el sur y el este de Ucrania, incluida Crimea, se están anexionando a Rusia. De facto, la Ucrania "rusófona" pasa a estar bajo la bandera rusa.

En este caso, Putin lograría una serie de objetivos, pero corre el riesgo de que el Estado Rump de Ucrania se una definitivamente a Occidente.

ESCENARIO 4

Putin ataca a otro país no perteneciente a la OTAN

Después de que Putin consiga estabilizar la situación en el campo de batalla, su mirada ansiosa se dirige a otras zonas de amortiguación. "Me parece muy probable que se dirija a Moldavia, por ejemplo", dice el ex embajador de la OTAN Timo Koster, ex director de política de defensa. La región moldava de Transnistria es prorrusa.

Con Bielorrusia, que ya tiene en el bolsillo, y un gobierno amigo en Kiev, él y la pequeña Moldavia tendrían el control de la zona fronteriza de todo el flanco oriental de la OTAN, desde Finlandia hasta Turquía. Putin también está forjando una alianza militar con la Serbia amiga de Rusia. En Belgrado, tras dos semanas de guerra, todavía se celebraron manifestaciones a su favor.

Putin asume el riesgo adicional porque la OTAN ha dejado claro que no tiene intención de defender por la fuerza de las armas a los países no pertenecientes a la OTAN. La línea roja es la frontera de la OTAN.

Cuando Estados Unidos amenazó a Putin con sanciones a finales de 2021, pero también dijo que ningún soldado lucharía en Ucrania, "Putin lo vio como una luz verde", piensa Koster. Esto también podría aplicarse a otros países no pertenecientes a la OTAN.

ESCENARIO 5

Putin pone a prueba la solidaridad de la OTAN

Incluso puede ser que Putin piense que Occidente tampoco responderá con la fuerza militar a un ataque a un país de la OTAN, sugiere Koster. Sería un gran paso para Putin, pero, dice Koster, ya no podemos permitirnos no pensar en ello.

Después de Ucrania, pues, entran en escena los Estados bálticos. Al fin y al cabo, una teoría sobre la motivación de Putin es que no sólo le preocupa Ucrania, sino que quiere reparar el accidente histórico de la desaparición de la Unión Soviética.

Sin embargo, si Putin decide invadir los países bálticos, se verá inmediatamente envuelto en una lucha con los militares de los países occidentales de la OTAN estacionados allí. Como resultado, la agresión rusa en la región del Báltico termina casi inmediatamente en un conflicto armado con la OTAN. Sweijs no considera probable este escenario.

"La OTAN ha dejado muy claro que reaccionará con firmeza ante un ataque a un miembro de la alianza".

ESCENARIO 6

La OTAN interviene en Ucrania, en guerra con Rusia

Tanto Estados Unidos como la OTAN han enviado un mensaje claro en las últimas semanas: Occidente no quiere involucrarse en la guerra de Ucrania. La cuestión, sin embargo, es cómo de sostenible será esa posición si Putin quema las principales ciudades de Ucrania hasta convertirlas en cenizas.

Es, según escribió el ex oficial de inteligencia estadounidense Chris Chivvis para el think tank

Carnegie, un gran desafío para la administración Biden mantener la cabeza fría incluso entonces.

Occidente se enfrenta a un dilema: ¿la intervención provocaría a Putin? "La disuasión por parte de Occidente no ha funcionado; la cuestión es si queremos seguir siendo disuadidos por Putin", dice Koster. Esa pregunta surge una y otra vez: con el endurecimiento de las sanciones, con el suministro o no de aviones de combate, con el establecimiento de la zona de exclusión aérea que Zelensky pide con tanta pasión.

La opinión pública puede desempeñar un papel en este sentido, cree Sweijs. "En las intervenciones occidentales de los últimos treinta años, la emoción 'tenemos que hacer algo' ha sido a menudo el motivo principal, sin que se hayan pensado bien las consecuencias. Una zona de exclusión aérea sería una operación muy peligrosa".

"El escenario que más temo", dice Sweijs, es una escalada involuntaria. Un error, una mala interpretación de las acciones del otro, puede tener consecuencias importantes". La peor consecuencia posible es entonces el despliegue de armas nucleares.

ESCENARIO 7

Putin y Zelensky llegan a un acuerdo

Medio mundo está dispuesto a mediar entre Kiev y Moscú. Después de Turquía, China e Israel, se presentó

Sudáfrica. Incluso el ex canciller Gerhard Schröder, denostado en su propio SPD por no querer distanciarse de su amigo Putin, voló a Moscú para mediar.

En principio, hay pocos motivos para el optimismo. Las rutas temporales de evacuación segura para permitir a los civiles escapar de las ciudades asediadas sólo se ponen en marcha después de varias rondas de consultas y con diferentes grados de éxito.

La primera reunión entre los ministros de Asuntos Exteriores, Koeleba y Lavrov, en Antalya (Turquía), apenas dio resultados. Lavrov incluso negó que Rusia hubiera invadido Ucrania. Pero sí hablan entre ellos. Rusia exige el reconocimiento de Donetsk, Luhansk y Crimea como rusos y quiere que Ucrania se convierta en un país neutral y desarmado y, por lo tanto, que no entre en la UE ni en la OTAN. Estas exigencias son efectivamente inobjetables para Zelensky.

Sin embargo, después de dos semanas de lucha, su gobierno está insinuando que algo de neutralidad es concebible. La OTAN, dice Zelensky a ABC, ha dejado claro que no somos bienvenidos. Está presionando para entrar en la UE. Su jefe de gabinete deja caer que la transferencia formal de Crimea y los territorios separatistas a Moscú puede negociarse, pero que la neutralidad y la desmilitarización no son negociables. Para que las negociaciones tengan una oportunidad de éxito, debe haber un "estancamiento doloroso", dice Sweijs. Putin debe darse cuenta de que una mayor

guerra es un riesgo mayor que un acuerdo. Kiev tendrá
que darse cuenta de que derrotar a Rusia es imposible.
No parece que se haya llegado aún a esa situación.

ESCENARIO 8

Guerra Fría 2.0

En todos los escenarios en los que Putin siga en el
poder, Occidente debe prepararse para un largo
período de confrontación, una nueva variante de la
Guerra Fría. En ese caso, se vislumbra un
desprendimiento económico de gran alcance,
especialmente si Putin responde a las sanciones
occidentales con la nacionalización de empresas
occidentales. La OTAN y la UE tendrán que ajustarse a
unos gastos militares elevados y a una sólida presencia
militar permanente en Europa del Este.

¿Y Putin? Para él, prácticamente no hay escenarios
favorables sostenibles. Sweijs: "En todos los escenarios,
Putin se ha convertido en el nuevo Saddam Hussein o
Assad".

Putin está destruyendo Ucrania

Dos semanas después de que comenzara la invasión de Ucrania, cientos de miles de personas están atrapadas en ciudades destrozadas por la artillería rusa. Pero cada vez más rusos se dan cuenta de que también son prisioneros, no de los disparos, sino de una dictadura en toda regla. Nuestro experto en asuntos exteriores Matthijs le Loux hace un balance de la guerra en Ucrania.

La procesión de ucranianos que buscan refugio en el extranjero ha aumentado a más de dos millones esta semana. Es la afluencia de refugiados que más rápido ha crecido en Europa desde la Segunda Guerra Mundial, según la ONU.

La mayoría de los refugiados viajaron a Polonia (1,2 millones) y a otros países de Europa del Este. Muchos de ellos tienen familiares o conocidos allí. Unos 210.000 huyeron a otras partes de Europa.

Estos son los afortunados. Un total de 44 millones de personas viven en Ucrania. El ACNUR, la agencia de la ONU para los refugiados, espera una segunda gran oleada de refugiados en un futuro próximo. Eso incluirá probablemente a más personas que no pueden recurrir a contactos en el extranjero.

Y luego están los millones de residentes de las ciudades que ahora están (en su mayoría) rodeadas por las tropas rusas. No tienen forma de salir hasta que un alto el fuego haga que sus rutas de escape sean lo suficientemente seguras. Mientras tanto, son bombardeados intensamente, gran parte de la infraestructura civil ya no funciona y sus suministros se están agotando.

Por ejemplo, las personas atrapadas en la sitiada Mariupol, entre 200.000 y 300.000 aproximadamente. No tienen acceso a agua corriente, electricidad o calefacción desde el 2 de marzo, mientras las temperaturas rondan el punto de congelación.

La ciudad portuaria del sureste es un importante objetivo estratégico para los rusos y está siendo azotada por los bombardeos. Según la administración de la ciudad, al menos cientos de civiles han muerto a causa de la guerra. Es imposible hacer un recuento minucioso porque los servicios de emergencia no pueden seguir el ritmo y los teléfonos no funcionan.

Refugiados bajo fuego

Se supone que los corredores humanitarios (rutas sobre las que se pide un alto el fuego) proporcionan alivio, pero la voluntad rusa de silenciar las armas durante un tiempo parece ser escasa. Varios intentos de evacuación fueron abortados debido a los ataques, a veces después de menos de una hora.

Los refugiados también son objeto de fuego directo: el domingo 6 de marzo, cuatro de ellos, entre ellos dos niños, murieron por disparos de mortero en Irpin, un suburbio de Kiev. Un equipo de The New York Times captó el ataque. La fotoperiodista Lynsey Addario escribió que eran posibles dos escenarios: los rusos atacaron deliberadamente la ruta de evacuación o mostraron una total falta de preocupación por las víctimas civiles.

Rusia insiste en que no ataca a los civiles e incluso dice que los "nazis" ucranianos atacan a sus propios civiles. Esa negación constante destila un profundo cinismo, ya que hay innumerables pruebas de lo contrario, desde bombardeos de zonas residenciales sin valor militar hasta incidentes como el de Irpin.

El alto el fuego para evacuar a los civiles de las ciudades de Kyiv, Kharkiv, Sumy, Mariupol y Chernihiv parecía tener más éxito que los intentos anteriores el miércoles, hasta que un hospital de maternidad en Mariupol fue bombardeado por la tarde.

¿Qué piensa el ruso de a pie al respecto?

Cómo recibe el pueblo ruso la invasión de Ucrania y todo lo que conlleva ha ocupado las mentes desde el principio de la invasión. Pero esa pregunta está ganando fuerza a medida que aumenta el número de víctimas de la guerra y más partes de Ucrania se convierten en ruinas humeantes.

Al fin y al cabo, rusos y ucranianos son al menos pueblos hermanos eslavos, incluso el mismo pueblo a ojos del Kremlin.

Ciudades como Kiev y Odesa también forman parte de la narrativa nacional rusa. Un conocido ucraniano resumió sucintamente los lazos: "Casi todos los rusos tienen un primo ucraniano".

Los intentos de medir la opinión pública rusa se topan con el problema de la transición del país de estado autoritario a dictadura en toda regla. El periodista ruso Sergei Dobrynin describió ese deslizamiento de forma apasionante en The Atlantic: "La decadencia de nuestra sociedad fue tan lenta que muchos rusos pudieron optar por no darse cuenta. Ese era el método de Putin: clavar el cuchillo gradualmente. Menos drama, el mismo resultado".

El Kremlin ha silenciado los pocos medios de comunicación independientes que aún operaban en Rusia y todos los demás medios proclaman la línea del gobierno.

Los manifestantes son detenidos en masa y se exponen a la brutalidad policial y a elevadas penas de prisión.

Necesidad de estabilidad

Es difícil saber exactamente quién se cree el diluvio de propaganda gubernamental y quién lo cuestiona. Lo mismo ocurre con el apoyo a la guerra en general. Los expertos rusos sí ven claras diferencias entre los jóvenes y los mayores y entre los que viven en zonas urbanizadas y los que viven en zonas rurales.

Los más jóvenes y los habitantes de las ciudades suelen tener una mentalidad más internacional, dependen menos de la televisión estatal y son más activos en Internet. La oposición a la guerra es más pronunciada entre ellos.

Pero estos contrastes no cuentan toda la historia. Un ruso mayor en el campo también puede entender perfectamente que la historia oficial es defectuosa, pero puede decidir, por ejemplo, recurrir a una eficaz estrategia de supervivencia de la época soviética: asentir con la cabeza y asegurarse de no estar por encima de la superficie.

Otra consideración importante para muchos rusos de edad avanzada proviene precisamente de la época caótica que siguió a la caída de la Unión Soviética: necesitan estabilidad por encima de todo.

Vladimir Putin ya sabía cómo hacerlo en el pasado. Y sea lo que sea lo que traiga el colapso del régimen de Putin, no es probable que haya más estabilidad.

Y, por supuesto, también hay un número significativo de rusos que simplemente aprueban la invasión, por ejemplo, porque comparten las ideas de Putin de una "Gran Rusia".

Dos poblaciones cautivas

La presión sobre la población rusa aumenta por todos lados. Las sanciones económicas de Occidente son de una intensidad sin precedentes. Los efectos ya se dejan sentir en los rusos de a pie, que pueden comprar menos por sus rublos, ya no pueden entrar en el metro facturando con sus teléfonos móviles y ya no pueden conseguir un Big Mac.

La situación no hará más que empeorar, sobre todo si Occidente toma medidas contra el sector energético ruso. Rusia se ha convertido en un paria internacional y los rusos en el extranjero se enfrentan al acoso y la violencia.

Mientras tanto, se está filtrando información horrible sobre la verdadera naturaleza de la batalla en Ucrania, desde aplicaciones de chat encriptadas o llamadas telefónicas a familiares ucranianos. Además, es probable que el número de soldados rusos que regresan a casa en bolsas para cadáveres sea mucho mayor de lo que el Kremlin pueda admitir o encubrir eficazmente.

Cada vez más rusos que tienen los medios para hacerlo se convierten también en refugiados: viajan a países que todavía permiten los vuelos rusos, como Turquía y Georgia, o cruzan las fronteras terrestres hacia Finlandia o el Báltico.

Muchos analistas creen que las protestas en Rusia irán en aumento. Entonces, el Kremlin sólo puede tomar un camino, el de una represión aún más brutal. No hay granadas ni misiles que desciendan sobre el pueblo ruso, pero en cierto modo están tan atrapados como los ucranianos. Putin ha secuestrado el avión y todos los ocupantes están a merced de lo que le dicte su distorsionada visión del mundo.

Los rusos pierden tropas y equipos, pero aún no la guerra

Tras dos semanas de guerra en Ucrania, dos expertos en defensa hacen balance. Su conclusión: los rusos están desmotivados, sufren grandes pérdidas y están sorprendidos por la resistencia de los ucranianos, pero lograrán -aunque con retraso- muchos de sus objetivos.

En el frente cercano a la ciudad de Kharkiv, el general de división ruso Vitaly Gerasimov murió en combate el pasado martes. Dirigía los combates contra el ejército ucraniano en los alrededores de la ciudad de los millones. La muerte del general es llamativa por varias razones.

En primer lugar, ¿qué hace un general en el frente? ¿No hay nadie más que pueda dirigir las tropas? "

Parece que en el ejército ruso se están quedando sin mandos intermedios, pronto tendrán que enviar al propio comandante en jefe al campo de batalla para que dé las órdenes", escribió honrosamente en Twitter el redactor jefe de Bellingcat, Christo Grozev.

Un especialista en defensa de la UE del instituto Clingendael llamado Colijn es un poco más cauto en su análisis. "Las cosas no van bien allí", dice. "De lo contrario, los rusos no enviarían a un general para poner orden.

Pero para la influencia rusa, la muerte de Gerasimov no importa mucho al final; allí tienen mil generales".

Los rusos llaman a los teléfonos chinos no seguros: "Muy vulnerables

Otro detalle sorprendente: un oficial del servicio secreto FSB informó a su superior al otro lado de la frontera sobre la muerte del general a través de una línea no segura. El año pasado, los militares rusos introdujeron a bombo y platillo los criptófonos seguros ERA, pero resulta que no funcionan en Ucrania porque las antenas 3G han sido voladas por sus propias tropas. Así que tienen que hacer llamadas con teléfonos no seguros y tarjetas SIM locales ucranianas.

Así que estas llamadas fueron escuchadas por los ucranianos. Bellingcat echó mano de esas llamadas y descubrió que el agente del FSB en el frente llamaba a su colega Dmitry Shevchenko en la ciudad rusa de Tula. Cuando este último se enteró de que el general había sido asesinado, se produjo un largo silencio. Shevchenko comenzó entonces a maldecir profusamente.

Hablamos con un profesor de estrategia militar de la Academia de Defensa de la UE que tiene un doctorado sobre las modernas técnicas de engaño que Rusia utilizó en la anexión de Crimea en 2014. Sigue de cerca la guerra en Ucrania. El hecho de que los rusos no puedan comunicarse a través de conexiones seguras les hace "muy vulnerables", según el profesor.

"Tengo entendido que los soldados rusos incluso se llaman entre sí con teléfonos móviles chinos muy baratos, que son muy fáciles de forzar. Así le pones muy fácil a tu oponente descubrir lo que estás haciendo".

Los problemas logísticos ralentizan el avance, pero no lo impiden
En las redes sociales no sólo hay muchos vídeos de tanques rusos abandonados y quemados, sino también de camiones que transportan combustible y otras mercancías. También hay historias de soldados rusos buscando comida y, por tanto, saqueando tiendas y casas. "Esos problemas logísticos tienen más probabilidades de frenar un avance que de impedirlo por completo", afirma el especialista en defensa de la UE.

Habrá "definitivamente desafíos logísticos", pero los hay en todas las guerras. Por eso, dice, no hay que deducir demasiado de los camiones quemados y los tanques parados. "Nos formamos nuestras opiniones basándonos en las imágenes que vemos, pero eso es sólo una parte de la realidad. Es muy posible que haya muchos menos problemas en otros lugares".

El ejército ucraniano distribuye pinches y se retira a las ciudades

El gobierno ucraniano difundió imágenes de propaganda de prisioneros de guerra rusos, que decían creer que estaban participando en un ejercicio militar. También hay rumores de que unidades de Bielorrusia se niegan a entrar en acción contra los ucranianos. "Los soldados jóvenes que no quieren luchar provocan retrasos, pero pueden ser sustituidos fácilmente". "O ponen aviones con pilotos que han tenido un entrenamiento mucho más largo y pueden estar más motivados. Eso se ve en Siria y se vio en su momento con la guerra de Chechenia".

Podemos señalar que la "masculina" estructura de mando rusa puede conducir a la desmotivación de las tropas. "En el ejército ruso, el comandante es todopoderoso. Él determina en detalle lo que debe suceder, los oficiales inferiores y los soldados sólo ejecutan. Si las cosas no van bien en una operación y no puedes cambiar la situación, te vas rápidamente con el alma bajo el brazo".

La gran incógnita es el ejército ucraniano, que no se enfrenta al enemigo de forma tradicional, sino que lanza golpes a diestro y siniestro y luego se retira a las ciudades. "Es difícil para el ejército ruso luchar contra eso. "Como ejército, prefieres no entrar en una ciudad; es muy difícil de conquistar. Podría haber un francotirador en cada edificio, necesitarías una fuerza enorme".

Cuando los rusos tomaron Crimea en 2014, utilizaron saboteadores, unidades de avanzada que inutilizaron instalaciones y tomaron políticos como rehenes. Como resultado, el gobierno ucraniano pronto se vio entre la espada y la pared. "Pueden olvidarse de que se repitan esas operaciones en Kiev", dice Bouwmeester. "Si esos saboteadores se dan a conocer, tendrán a la población en su contra".

Los partidos quieren reforzar sus posiciones de cara a las negociaciones en Turquía

El jueves, los negociadores de Rusia y Ucrania volverán a reunirse, esta vez en la localidad turca de Antalya.

Los ucranianos tienen una posición fuerte porque son difíciles de agarrar en el campo de batalla, demuestran que son capaces de resistir y tienen una población unida detrás de ellos. Los rusos, a costa de mucho sufrimiento humano y grandes flujos de refugiados, han ganado mucho terreno en el sur de Ucrania y están en proceso de rodear Kiev. Así que seguramente tampoco llegarán a Turquía con las manos vacías.

Según Colijn, a pesar de sus pérdidas, los rusos siguen siendo capaces de ocupar y controlar Kiev y pueden derrotar militarmente a los ucranianos. "Que pierdan tropas y equipos va en contra de las previsiones, pero en el conjunto no es tanto", dijo. Ese revés podría animar a la cúpula militar rusa a querer continuar la guerra sucia, es decir, con mucha violencia y víctimas civiles".

¿Por qué es tan importante Kiev?

La capital ucraniana, Kiev, es el principal objetivo de la invasión rusa. El presidente ruso Vladimir Putin dejó claro que no sólo hay razones estratégicas sino también históricas para atacar la ciudad. ¿Por qué Kiev es tan importante para rusos como Putin?

1. Kyiv se considera la "cuna" de Rusia

En los discursos en los que Putin declaró la invasión de Ucrania, calificó enfáticamente a Ucrania de parte histórica de Rusia. El presidente ruso basó así su justificación de la invasión en la historia común de los dos países.

Como muchos rusos, Putin considera que Kiev es la "cuna" de Rusia. Kiev había sido la capital y el nombre del Imperio medieval de Kiev desde 882. Ese imperio abarcaba gran parte de la actual Ucrania, Bielorrusia y Rusia. Los rusos lo consideran el precursor de la Rusia actual. El nombre de Rusia deriva de los Rus, el pueblo que fundó el Imperio de Kiev.

Como centro del Imperio de Kiev, Kiev se convirtió en una de las ciudades más importantes y grandes de la Europa medieval. Esto ocurrió siglos antes de que, por ejemplo, las actuales grandes ciudades rusas de Moscú y San Petersburgo tuvieran alguna importancia. Tras la destrucción de la ciudad por los mongoles en 1240, Kiev no volvería a estar a la altura de su antigua gloria.

El gobierno de Kiev y sus alrededores cambió constantemente en los siglos siguientes. A finales del siglo XVIII, la región fue incorporada por el Imperio de Rusia bajo el gobierno de la emperatriz Catalina la Grande. Muchos rusos señalan ese momento como el de la incorporación definitiva de Ucrania a Rusia.

2. Putin considera que la independencia de Ucrania es un gran error

Ucrania fue una de las 14 repúblicas que se independizaron de Rusia tras el colapso de la Unión Soviética en 1991. Conservó Kiev como capital, lo que significó que la ciudad ya no formaba parte del territorio ruso. Pero eso no significó que la historia común desapareciera de repente.

Hasta el día de hoy, existen estrechos vínculos entre ucranianos y rusos. A menudo son incluso parientes directos entre sí. Muchos ucranianos hablan con fluidez el ruso, además de su propia lengua. Sin embargo, la mayoría de ellos se sienten verdaderamente ucranianos, y por tanto no rusos.

Sin embargo, a ojos de rusos como Putin, Ucrania sigue perteneciendo a Rusia en su totalidad. Califican la independencia de Ucrania como un error que hay que reparar a toda costa.

3. Kiev representa "el corazón de Ucrania".

Por supuesto, Kiev también es estratégicamente importante para Putin y Rusia. Es una regla no escrita de la guerra que un país atacado no es derrotado hasta que se toma su capital. Consideremos, por ejemplo, la toma del poder por parte de los talibanes en Afganistán. La fecha es el 15 de agosto de 2021, el día en que los yihadistas tomaron la capital, Kabul.

En la gran mayoría de los países del mundo, la capital es también la ciudad donde se reúne el parlamento nacional. Los Países Bajos -con Ámsterdam como capital y La Haya como ciudad donde se reúne el Parlamento- son una de las pocas excepciones.

También en Ucrania, el Parlamento -la Rada Suprema- tiene su sede en la capital. Por ello, el distrito de Pecherskyi, donde se encuentra el edificio del parlamento, se llama también el corazón de Ucrania. El parlamento nacional es el símbolo máximo del autogobierno de un país.

Esta es otra de las razones por las que Putin quiere conquistar Kiev. El presidente ruso ha dicho anteriormente que no ve a Ucrania como un país independiente. Así que los símbolos de la independencia ucraniana son una espina en su costado.

4. El "objetivo número uno" reside en Kiev

Hablando de símbolos de la independencia ucraniana, el presidente Volodymyr Zelensky permanece en Kiev desde el comienzo de la invasión rusa. Ya ha hecho saber en varias ocasiones que no abandonará la ciudad. Zelensky comparte regularmente fotos y vídeos de sí mismo caminando por las calles y pasando por edificios famosos.

Como jefe de Estado, Zelensky, al igual que el Parlamento, es un símbolo de la independencia de Ucrania. Además, desde la invasión rusa, se ha convertido en el símbolo de la resistencia ucraniana. Ha resultado ser el mayor obstáculo para Putin. Quiere instalar un gobierno prorruso en Ucrania.

Zelensky ha dicho que los rusos le han convertido en su "objetivo número uno". Según Ucrania, ya se han frustrado tres intentos de asesinato contra el presidente desde que comenzó la invasión.

El convoy ruso que se dirigía a Kiev había estado prácticamente parado durante los últimos días, pero el viernes nuevas imágenes de satélite mostraron que el convoy se había desintegrado. Partes del convoy se han dispersado por la región.

Según los expertos, las tropas rusas se están preparando para asaltar la capital. Esto podría tener lugar en algún momento de los próximos días.

Bancos suizos y dinero ruso

Los rusos acaudalados han depositado un total de unos
170.000 millones de euros en bancos suizos. Así lo
anunció la Asociación Suiza de Bancos en una rara
muestra de transparencia.

La Asociación de Banqueros Suizos dijo el jueves a
Reuters que los bancos suizos tienen en sus cuentas
dinero ruso por valor de entre 150.000 y 200.000
millones de francos suizos. Convertido, esto equivale a
una suma de entre 145.000 y 193.000 millones de
euros.

Suiza suele ser muy reacia a facilitar datos sobre la
identidad de los clientes de los bancos suizos, ya que es
conocida por gestionar discretamente los activos de
multimillonarios de todo el mundo.

Sin embargo, debido a la invasión rusa de Ucrania, Suiza
se ha desviado de su habitual postura "neutral" en los
conflictos internacionales. El país se ha sumado a las
sanciones europeas contra Rusia.

La política socialdemócrata Mattea Meyer, miembro del
Consejo Nacional de Suiza, ha pedido que se congelen
los activos de los oligarcas rusos en Suiza. "Parte de ese
dinero pertenece a oligarcas leales al Kremlin", dijo.
Según Meyer, Suiza debe "cerrar los grifos del dinero".

Dinero ruso en bancos suizos

Según la Asociación Suiza de Bancos, los escasos 200.000 millones de euros de activos rusos en el país son relativamente pequeños en comparación con el total de activos que los extranjeros tienen escondidos en Suiza. Es "menos del 5% del total", indicó el club bancario a Reuters.

El mayor banco de Suiza medido por sus activos totales es UBS. Este banco tiene una exposición a Rusia a través de préstamos por el equivalente a 613 millones de euros, según su informe anual de 2021.

El ex jefe de ING, Ralph Hamers, es actualmente el máximo ejecutivo de UBS. Hamers indicó en una conferencia el miércoles que UBS está buscando reducir los riesgos relacionados con la situación en Rusia con sus clientes, informó Reuters.

Credit Suisse, el segundo banco del país, informó en su informe anual de que a finales de 2021 estaban pendientes de pago unos 1.500 millones de euros en préstamos vinculados a Rusia.

Suiza ha sido muy criticada en el pasado por su secreto bancario, que permitiría a personas adineradas con antecedentes dudosos mantener el dinero fuera de la vista de las autoridades investigadoras.

En 2018, bajo una intensa presión internacional, los bancos suizos sí pasaron a compartir cierta información con las autoridades fiscales de otros países.

Ucrania y la OTAN

Rusia ha anunciado que continuarán las consultas en línea con Ucrania. Desde el lunes, representantes de ambos países mantienen conversaciones por vídeo para encontrar una solución a la invasión rusa de Ucrania.

Se están discutiendo cuestiones militares, políticas y humanitarias, según un portavoz del Ministerio de Asuntos Exteriores ruso. Las negociaciones aún no han dado lugar a un avance, pero las partes parecen estar progresando a pesar de las dificultades de las conversaciones.

Kiev exige un alto el fuego y la retirada de las tropas rusas. Moscú quiere que Ucrania se convierta en un país neutral y no en miembro de la OTAN. La delegación rusa también quiere que Kiev reconozca que Crimea pertenece a Rusia y que las regiones renegadas de Donetsk y Luhansk son estados independientes.

Al parecer, Ucrania y Rusia se acercaron el miércoles a las negociaciones de paz. Las delegaciones están negociando un plan de paz de 15 puntos, informó el Financial Times. El periódico económico británico se basó en tres fuentes que se dice que están involucradas en las conversaciones.

Un primer borrador del acuerdo de paz incluiría un alto el fuego y la retirada de las tropas rusas. Eso sería con la condición de que Kiev declare que no permitirá bases militares o armas occidentales en su territorio y abandone su ambición de entrar en la OTAN.

Los rusos querrían un estatus militarmente neutral para Ucrania, similar al de Austria y Suecia. Estos dos países son miembros de la Unión Europea, pero no de la OTAN. El presidente Volodymyr Zelensky dijo el martes que Ucrania debe reconocer que el ingreso en la OTAN está descartado.

El ingreso en la OTAN está descartado para Ucrania por el momento. El presidente Zelenski lo dijo ayer. ¿Puede entonces Occidente limitarse a mirar? Seis preguntas y respuestas sobre lo que la OTAN aún puede hacer para ayudar a Ucrania. Y lo que, sobre todo, no debe hacer.

Durante mucho tiempo fue un gran deseo de Volodomir Zelensky, el presidente de Ucrania: convertirse en miembro de la alianza militar de Occidente. Porque si Ucrania fuera miembro, Occidente ayudaría militarmente a derrotar a Rusia. Pero ese deseo se puede cruzar. La OTAN no quiere que Ucrania se integre, por lo que el país debe buscar otros aliados militares.

1. ¿Por qué Ucrania no puede entrar en la OTAN?

Antes de ver quiénes podrían ser esos aliados, primero hay que preguntarse por qué la adhesión está descartada para Ucrania. Lo discutimos con Laurien Crump, profesora titular de Relaciones Internacionales en la Universidad de Utrecht. "La OTAN no quiere una guerra con Rusia", dice Crump. "Esa es también una de las razones por las que Ucrania no se ha adherido nunca".

"Según el artículo 5 -un ataque a un Estado miembro es un ataque a todos- la OTAN tendría que acudir en ayuda de Ucrania en una guerra. Ese riesgo, que ya es una realidad con la guerra actual, es demasiado grande para los estados miembros."

"Zelensky ha entendido ahora ese mensaje. El día después de la invasión rusa de Ucrania, preguntó si su país podía unirse, pero hubo un silencio ensordecedor por parte de la OTAN", dice Crump. "Y ahora dice que no quiere suplicar de rodillas".

Hay otra razón en juego. "Un requisito estricto para ingresar en la OTAN es que un país tiene que resolver sus problemas internos y externos antes de poder ser miembro. Es decir, la OTAN no quiere importar la inseguridad de otro país. Cuando Putin se anexionó Crimea en 2014, en realidad ya había ocurrido. Debido a ese nivel de inseguridad, Ucrania no puede convertirse en miembro de la OTAN."

2. Y esa zona de exclusión aérea. ¿Por qué no viene eso también?

"Esa zona de exclusión aérea puede parecer muy amistosa, pero eso significa que si Rusia vuela en el espacio aéreo ucraniano, la OTAN tiene que derribar el avión ruso. Y eso, a su vez, significa que la OTAN sigue interfiriendo en el conflicto", afirma Crump.

"Durante la lucha contra Saddam Hussein, se optó por una zona de exclusión aérea en Irak. Pero entonces era una situación que sólo tenía lugar en Irak. En Ucrania es diferente. El peligro allí proviene de un país vecino. Eso significa en este caso que hay que imponer una zona de exclusión aérea no sólo en Ucrania, sino también sobre Rusia. Si quieres ayudar a la OTAN a caer en el abismo, tienes que hacerlo".

3. El Primer Ministro de Polonia, tras su visita a Kiev, habla de una misión de mantenimiento de la paz de la OTAN. ¿De qué se trata?

"Creo que sólo está gritando algo". "Tenemos la suerte de contar con políticos que no saben de qué se trata exactamente. No se puede tener una misión de mantenimiento de la paz en tiempos de guerra. Sólo se puede hacer una vez que se haya firmado un acuerdo de paz. Entonces una misión puede garantizar que el país en cuestión se mantenga estable".

"Y aunque hubiera un acuerdo de paz, la OTAN no puede ser la organización que lo supervise

"Porque la OTAN es exactamente el problema. Entonces Rusia dice: "Mira, la OTAN está ocupando Ucrania".

4. Los primeros ministros de la República Checa y Eslovenia también estuvieron en Kiev. ¿Pueden ayudar a Ucrania?

"El suministro de armas es un asunto de dos caras. Las armas de la OTAN no existen.

Los estadounidenses, por ejemplo, también les suministran. ¿Pero enviar tropas? Si quieren suicidarse, pueden hacerlo. Si la República Checa, Polonia o Eslovenia lo hacen, ese país pasa a formar parte de la batalla. Y entonces, ¿qué hace la OTAN si Polonia es atacada?".

"Se nota que la idea de una misión de paz de la OTAN ya está provocando tensiones dentro de esa organización, y también dentro de la Unión Europea. La UE ya dijo que los países mencionados no les habían consultado. Entonces ya saben lo suficiente. No ven el sentido, porque entonces la alianza occidental seguirá involucrada".

5. ¿Qué puede hacer la OTAN para ayudar a Ucrania?

"No mucho, debido a los últimos treinta años de recortes presupuestarios. Ya no hay grandes unidades de combate con mucha potencia de fuego.

Lo que todavía se puede hacer es enviar aviones con radar. Los utilizan para ver lo que ocurre en Ucrania.

Pero principalmente para ver si habrá un ataque contra la OTAN".

Una declaración de Bruselas también es una posibilidad. Hoy hay una reunión de la OTAN allí con los ministros de defensa de los estados miembros. "Una declaración de este tipo pretende mantener alta la moral de los ucranianos", dijo.

"Y es una señal para Rusia. En el momento de las negociaciones, cualquier apoyo es importante. Pero de hecho, la OTAN tiene que actuar con mucha cautela ahora en particular".

6. ¿Qué es lo que especialmente no debe hacer la OTAN?
"Cualquier paso que provoque una mayor escalada, no debería desearse. Por ejemplo, hoy Estados Unidos está diciendo que Putin es un criminal de guerra. Eso es moralmente correcto, pero muy incómodo".

"Lo mismo ocurrió con el presidente sirio Assad. Occidente dijo: 'Es un criminal de guerra, así que no hablaremos más con él'. Eso también es moralmente justificable, pero si no se habla más, entonces es racional que la persona a la que se llama criminal de guerra siga luchando."

"Me temo que Occidente va a hacer cosas que parecen correctas, pero que resultan equivocadas. Cosas que harán imposible seguir hablando con Putin. Que lo quieren juzgar eventualmente está claro. Pero primero que se acabe la guerra".

103

Próxima escasez de alimentos

El grano en los campos ucranianos está en buen estado y el país tendrá suficiente pan este año. Así lo afirmó el miércoles el ministro de Agricultura ucraniano, Taras Dzoba.

Ucrania es uno de los principales productores y exportadores de grano del mundo. Debido a la invasión rusa del país, preocupa la producción de grano.

Los analistas del país ya habían advertido que la producción de cereales podría caer bruscamente a causa de la invasión, ya que dejaría menos tierras de cultivo para sembrar. Sin embargo, los cultivos que ahora están en los campos van bien. Ucrania tiene suficiente pan este año, a pesar de las difíciles condiciones en las que hay que trabajar la tierra, dijo el ministro en un comunicado. Sin embargo, es probable que los precios sean más altos debido a la guerra.

Los expertos predijeron a principios de esta semana que se podría sembrar casi un 40 por ciento menos de tierra de cultivo para grano a causa de la guerra. Ucrania cosechó un récord de 86 millones de toneladas de grano en 2021. El presidente ucraniano, Volodimir Zelensky, dijo la semana pasada que el país debería sembrar todo el grano posible esta primavera.

Prohibición de las exportaciones de grano en Ucrania

Ucrania prohibió anteriormente la exportación de varios tipos de cereales. Centeno, cebada, alforfón y mijo, entre otros, ya no podrán exportarse, según decidió el gobierno de Kiev. Con ello, el gobierno espera mantener suficientes alimentos para su propio pueblo y su ejército en tiempos de guerra. En las últimas semanas los precios de los cereales ya han subido considerablemente.

Kiev también ha restringido la exportación de azúcar, sal y carne. Las prohibiciones duran hasta finales de año.

Los precios del trigo subieron fuertemente a principios de marzo, tras el reciente repunte debido a la guerra en Ucrania. La invasión rusa y las sanciones contra el país han paralizado prácticamente las exportaciones de trigo. Esto pone en peligro el suministro a otros países.

Ucrania y Rusia representan más de una cuarta parte de las exportaciones mundiales de trigo.

Este verano, las cosechas récord en Norteamérica y otras partes de Europa serán fundamentales para frenar nuevas subidas de precios. Como los flujos procedentes de la región del Mar Negro se ven reducidos por la guerra, muchos compradores están considerando la posibilidad de suscribir contratos de futuros para el trigo australiano. Estos ya están haciendo pedidos hasta bien entrado el tercer trimestre, según el operador CBH Group.

Las empresas de procesamiento de alimentos buscan diligentemente alternativas al aceite de girasol. Sus existencias son buenas para unas cuatro o seis semanas más y luego se agotarán. Esto se debe a la guerra en Ucrania, que es un importante productor de aceite vegetal.

"Lo vamos a notar de dos maneras", afirma un portavoz de la asociación del sector. "En primer lugar, la estantería de aceite de girasol del supermercado estará vacía". Además, el aceite de girasol también desaparecerá de una serie de productos. "Los productores ya están buscando alternativas. El aceite de girasol se utiliza para freír patatas fritas y papas fritas, por ejemplo, pero también se encuentra en la margarina, las galletas y en los alimentos para bebés. Es muy versátil".

El portavoz explica que las alternativas pueden ser el aceite de colza, el de linaza o el de palma. Lo que funcione depende del producto y de cómo se utilice el aceite. Además, las etiquetas y los envases también deben ajustarse si se utiliza otro producto, en lugar de aceite de girasol. Esto tiene consecuencias en la lista de ingredientes, pero también posiblemente en el valor nutricional.

El cambio a otros ingredientes y la adaptación del envase cuestan dinero a las empresas e inevitablemente se traducen en precios más altos. "La demanda de esas alternativas es cada vez mayor, por lo que también se encarecen.

La medida en que las empresas pueden absorber por sí mismas todas las subidas de precios es limitada", afirma el portavoz. Por cierto, varios materiales de envasado, como la lata y el cartón, también se están encareciendo debido a la guerra en Ucrania.

Alimentamos al país

Uno de los mayores almacenes del país, repleto de alimentos, cerca de Kiev, ha sido bombardeado. No está claro si el almacén de Marioepol sigue allí y si la refrigeración sigue funcionando. La distribución de productos alimenticios en el país es una amenaza para la vida de los conductores. Los tanques pasan por encima de los campos en los que se debe sembrar.

"Pero el negocio sigue adelante", dice Rich. MHP (Myronivsky Hliboproduct) en Ucrania emplea a 30.000 personas. La empresa tiene grandes granjas de pollos por todo el país y casi 400.000 hectáreas de tierra que producen trigo, maíz, girasoles y otros cultivos.

La empresa dice que en tiempos normales representa el 50% de la producción de alimentos de Ucrania. "Pero ahora es el 100%. Somos los únicos que seguimos funcionando. Estamos alimentando al país".

El australiano Rich trabaja actualmente con un puñado de empleados de Eslovenia. Sin embargo, la mayor parte de su gestión sigue estando en Ucrania.

Red telefónica rota

"Es difícil, pero durante la pandemia de Covid aprendimos a trabajar a distancia. Tengo muchos teléfonos y me comunico a través de Whatsapp, Signal, Zoom y Teams. Esta es la única forma de estar en contacto con nuestra gente local. La red telefónica ha desaparecido en gran medida. Así que todo pasa por Internet".

Por cierto, el sitio web de la empresa está caído por temor a los hackers rusos como medida de precaución. Todo lo que dice es una declaración de apoyo a las tropas de Ucrania.

Hambriento
A Rich le preocupan las crecientes dificultades para distribuir los productos por todo el país. Donde un camión tardaba normalmente dos horas de viaje, ahora tarda diez. Eso se debe a las inspecciones, los puentes y las carreteras dañadas.

"Es difícil encontrar conductores dispuestos a salir a la carretera. Se ha convertido en un campo de minas por todas partes y es difícil llevar los camiones de un lado a otro sin perder vidas."

Según Rich, se trata de un claro plan de los rusos para provocar escasez de alimentos en Ucrania. "Están bombardeando centros de distribución. Esos centros se supone que abastecen a los supermercados. Es una política de hambre".

Las próximas semanas son cruciales para la seguridad alimentaria en Ucrania, dice Rich. Es el momento de sembrar semillas.

Los rusos se llevan la comida

"Gran parte del grano lo hacen los pequeños agricultores. Todavía no tienen su abono. El problema es que tampoco tienen el dinero para ello o no pueden acceder a él porque los activos están congelados. Y sin abono, la producción es muchas veces menor. Como gran empresa tenemos todo lo que necesitamos. Pero tiene que calmarse antes de empezar a sembrar".

También teme que los alimentos almacenados ahora puedan ser confiscados por los rusos donde puedan. "Su logística no funciona bien. Así que todo lo que tengan en sus manos, se lo comerán ellos mismos".

"Los ucranianos son muy patriotas. Quieren luchar. Va a ser terrible".

Si no se siembra lo suficiente en las próximas semanas, el mundo entero lo va a notar, argumenta Rich.

"El 50% del aceite de girasol del mundo procede de esta región. Una cuarta parte del trigo y el 20% de la colza. Luego, si se tiene en cuenta que gran parte de eso sirve para alimentar a los animales en la UE y en Gran Bretaña, esos porcentajes de lo importante que es son aún mayores. El impacto en los precios de los alimentos es inimaginable con los problemas que hay aquí".

Va a ser terrible

En el sur y el oeste, Rich afirma que el personal sigue estando relativamente seguro. "En la zona de Kiev es muy difícil. También hemos evacuado a gran parte de nuestro personal en el este del país a Polonia. Con la Cruz Roja, tenemos autobuses allí para recogerlos". La mayoría son mujeres y sus hijos. A la mayoría de los hombres no se les permite salir del país.

Rich teme que la guerra dure mucho tiempo. Y que la escasez de alimentos desempeñará un papel principal en ella. "Los ucranianos son muy patriotas. Quieren luchar. Va a ser terrible".

Rusia estudia las "importaciones paralelas" tras la salida de las empresas

Rusia está estudiando las llamadas importaciones paralelas para obtener bienes de las empresas occidentales. Esto significa que esas mercancías no se importan con el permiso de las empresas occidentales, sino que se compran a otras empresas, que a su vez las han comprado con ese permiso. Normalmente, este tipo de importación, también conocida como importación gris, no está permitida.

La autoridad rusa de la competencia dice haber mantenido una conversación con el director de la principal tienda online rusa, Wildberries, en la que se habló de la legalización de las importaciones paralelas. Ambas partes coincidieron en que tanto los consumidores como las empresas rusas se beneficiarían.

Debido a las sanciones y al sentimiento antirruso, muchas empresas occidentales ya no suministran sus productos a Rusia. En consecuencia, los comerciantes rusos tienen cada vez menos productos para vender. Las pequeñas y medianas empresas, en particular, podrían verse favorecidas si pudieran comprar lotes de productos a los países que sí quieren comerciar con Rusia.

Según la responsable de Wildberries, Tatyana Bakalchuk, las importaciones grises son "especialmente importantes para productos como medicamentos, alimentos y artículos infantiles". Aunque esos bienes pueden comerciar con Rusia como siempre, algunas empresas occidentales están optando por no hacer negocios con el país tras la invasión de Ucrania. Sin embargo, la mayoría de las empresas farmacéuticas han indicado que seguirán suministrando medicamentos como de costumbre.

111

Los países bálticos y Bulgaria expulsan a los diplomáticos rusos

Los países bálticos y Bulgaria expulsan a un total de 20 diplomáticos rusos a causa de la guerra en Ucrania. Bulgaria ha designado a diez diplomáticos como personas non gratas, mientras que Lituania expulsa a cuatro diplomáticos y Estonia y Letonia a tres cada uno.

A los diplomáticos rusos en Bulgaria se les ha dado 72 horas para abandonar el país por actividades que violan su estatus diplomático. Letonia informa exactamente de la misma razón, diciendo que también tiene en cuenta la agresión rusa en Ucrania.

Estonia dice de los diplomáticos que "socavaron directa y activamente la seguridad de Estonia y difundieron propaganda que justificaba la acción militar de Rusia". Lituania hace saber que quiere solidarizarse con Ucrania. Los países bálticos han coordinado su acción.

A principios de esta semana, Eslovaquia ya decidió expulsar a tres diplomáticos rusos. En ese momento, Rusia dijo que respondería a la medida "injustificada". También habrá una respuesta a la expulsión "hostil" de los diplomáticos de Bulgaria, según ha declarado la embajada rusa en Sofía.

El banco central ruso mantiene los tipos de interés en el 20 por ciento

El banco central de Rusia mantiene el tipo de interés clave en el 20%. Desde que el país invadió Ucrania, está sometido a fuertes sanciones económicas. Para contrarrestar la caída del rublo ruso y el aumento de la inflación, el tipo de interés se duplicó con creces a finales del mes pasado.

El presidente ruso, Vladimir Putin, declaró a principios de esta semana que su país había sobrevivido a una "guerra relámpago económica" de sanciones internacionales. Al hacerlo, advirtió que Rusia se enfrentará a un aumento del desempleo y la inflación mientras se adapta a la nueva realidad. La nueva situación requerirá "profundos cambios estructurales" en la economía rusa, según Putin.

Putin reconoció que "el aumento de los precios está afectando gravemente a los ingresos de la población". Afirmó que el Gobierno dispone de recursos suficientes para cubrir los costes sin necesidad de imprimir dinero. Al hacerlo, no entró en detalles.

La jefa del banco central ruso, Elvira Nabiullina, debe comentar la decisión sobre los tipos de interés el viernes por la tarde. Putin quiere volver a nombrar a la economista, que dirige el banco central desde 2013.

El ministro alemán busca una alternativa para el gas ruso en la región del Golfo

El Ministro de Economía y Clima de Alemania viaja este fin de semana al Golfo Pérsico como parte de los esfuerzos por reducir la dependencia alemana del gas procedente de Rusia. Qatar, primer destino del ministro Robert Habeck, es uno de los mayores exportadores de gas natural licuado del mundo. El llamado GNL podría ser una alternativa interesante para el suministro energético alemán, pero actualmente el gas de Qatar se destina principalmente a Asia.

Alemania necesita más gas licuado para las terminales de GNL que quiere construir, señaló Habeck. Sin embargo, añadió que este combustible fósil sólo debería utilizarse "temporalmente y a corto plazo", como una especie de etapa intermedia hacia fuentes de energía más sostenibles. El político de Bündnis 90/Die Grünen ve oportunidades en una transición del gas natural convencional al hidrógeno verde y también dijo que la guerra en Ucrania ha hecho más urgente esta transición.

Puerto de Rotterdam: el tráfico de contenedores se ve especialmente afectado por las sanciones

En el puerto de Rotterdam, el transporte de contenedores en particular está sintiendo el impacto de las sanciones impuestas a Rusia por la guerra en Ucrania. Según la Autoridad Portuaria, la incertidumbre sobre las sanciones es en parte responsable de que las terminales y las compañías navieras hayan dejado de aceptar o manipular contenedores con destino a Rusia en absoluto.

Aproximadamente el 8% del transporte de contenedores a través de Rotterdam está relacionado con Rusia. Un gran número de mercancías están sujetas a una prohibición de exportación, incluidas las que pueden utilizarse tanto para fines civiles como militares, las llamadas "mercancías de doble uso". Como no siempre está claro lo que está y lo que no está cubierto por las sanciones, muchas empresas deciden de antemano no procesar esta carga. Otro factor es que no se sabe con certeza si las aduanas, responsables de las inspecciones, liberarán los contenedores en cuestión y cuándo lo harán.

Otro punto que hace que las empresas sean cautelosas es que no está claro cómo se desarrollará la guerra en Ucrania. Los riesgos de pago también influyen en ello. Según la Autoridad Portuaria, no está claro qué significará la evolución de Ucrania para los flujos comerciales en el próximo periodo.

La importación de energía, como petróleo crudo, productos petrolíferos, gas natural licuado (GNL) y carbón, no se ve afectada por las sanciones en este momento. De los casi 470 millones de toneladas de transbordo en Rotterdam, 62 millones de toneladas son de Rusia, según la Autoridad Portuaria. En la actualidad, cerca del 30% del crudo procede de Rusia y una cuarta parte del GNL. Además, Rusia representa el 20% de los productos petrolíferos y el carbón que se envían.

Rusia también exporta acero, cobre, aluminio y níquel a través de Rotterdam, entre otras cosas. Por el momento, esto tampoco entra en las restricciones comerciales anunciadas por la Unión Europea.